U0594359

本书为国家社科基金一般项目：
要素市场扭曲下不同地域农民增收路径优化与支持政策创新研究（17BJY110）的阶段性成果。

BIANJING CUOSHI、GUONEI ZHICHI
YU ZHONGGUO NONGCHANPIN
MAOYI BAOHU XIAOYING YANJIU

边境措施、国内支持
与中国农产品贸易保护效应研究

吴国松 / 著

中国财经出版传媒集团

图书在版编目（CIP）数据

边境措施、国内支持与中国农产品贸易保护效应研究/吴国松著．—北京：经济科学出版社，2019.2
ISBN 978－7－5218－0351－8

Ⅰ.①边…　Ⅱ.①吴…　Ⅲ.①农产品贸易－贸易保护－研究－中国　Ⅳ.①F752.652

中国版本图书馆 CIP 数据核字（2019）第 043995 号

责任编辑：李　雪
责任校对：杨　海
责任印制：邱　天

边境措施、国内支持与中国农产品贸易保护效应研究
吴国松　著
经济科学出版社出版、发行　新华书店经销
社址：北京市海淀区阜成路甲 28 号　邮编：100142
总编部电话：010－88191217　发行部电话：010－88191522
网址：www.esp.com.cn
电子邮件：esp@esp.com.cn
天猫网店：经济科学出版社旗舰店
网址：http://jjkxcbs.tmall.com
固安华明印业有限公司印装
710×1000　16 开　13.75 印张　200000 字
2019 年 3 月第 1 版　2019 年 3 月第 1 次印刷
ISBN 978－7－5218－0351－8　定价：50.00 元
（图书出现印装问题，本社负责调换。电话：010－88191510）

前　言

2001 年 12 月 11 日，中国正式成为世界贸易组织（World Trade Organization，WTO）成员，必须履行入世时所承诺的各种贸易壁垒和各项国内支持的削减义务。其中农产品贸易政策将根据 WTO《农业协议》进行调整：诸多农业边境保护措施将被取消，农产品市场准入将逐步扩大。同时，现行的与 WTO 规则相悖的国内农业支持措施也需做出调整，特别是目前政府对农业支持的最重要手段——价格支持政策的使用将受到严格限制。

入世十多年来，中国农业生产和贸易格局发生了巨大变化，2004 年首次出现农产品贸易逆差，截至 2018 年已持续十多年，且逆差额呈现不断上升的态势。中国农业资源禀赋的现实决定了中国土地密集型农产品不具有比较优势，而劳动密集型农产品生产具有比较优势，进而土地密集型农产品将成为进口竞争部门，而劳动密集型农产品也将变为出口优势部门。因此，基于中国农业比较优势现状，中国农业政策调整需要在与 WTO 农业协议保持协调的基础上实现农业的首要政策目标，追求国家利益最大化。

入世十多年来，中国农业政策的变化最为显著。中国国内生产和贸易政策基本调整到入世承诺水平，农业政策的调整对国内农业发展以及农村经济的影响已经基本体现出来。在未来新一轮的农业谈判中，中国主张要更加注重公平竞争的原则，消除贸易壁垒，减少农业保护，促进农产品公平贸易；要充分考虑中国及发展中国家农业发展的实际和需要，保证谈判结果在体现各方利益的基础上实现总体平衡。因此，在农产品贸易自由化的大趋势下，探讨如何既不违背 WTO 规则，又合理利用农业保护与支持政策，实现中国农业比较优势的提升和农业稳定发展有着重要的现实意义。按照 WTO《农业协议》的框架，农业政策由农产品边境贸易措施和国内支持政策两部分组成，农业政策调整后会改变农产品市场机制条件下的国内外比价关系，从而会对农产品产出结构和农产品市场造成扭曲性影响，进而也可能影响中国的农业比较优势。因此，有必要在系统测度中国农业比较优势的基础上，衡量入世以来中国农业政策调整的效果；衡量入世十多年来中国农业边境贸易政策和国内政策调整中不同政策措施的影响。现阶段如何调整边境贸易措施和国内政策措施，有效提升农业比较优势，是切实处理好进出口农产品贸易结构合理与保护农民利益、维护国内生产和市场稳定关系的关键。本书相关计算结果可以为其提供一定依据，也有助于为中国农业政策中的边境贸易政策、国内政策措施的调整和制定提供决策参考。

本书在对中国农业政策变动调整进行详细论述的基础上阐述了中国农业发展和贸易现状，从进出口绩效和生产成本等视角系统测算了中国农业发展的比较优势，利用农业生产、贸易及相关价格数据分别从农业总体、不同农业部门、不同农业政策措施等层面对入世前后的中国农业政策调整效果进行实证测度，并着重考察农业政策调整对农业比较优势变动、农产品贸易量和贸易福利的影响，进而将中国的测算结果和世界其他国家和地区相比较，探讨中国农业保护水平与世界其他国家间的差距，希望从贸易限制指数和等值关税的视角对我国农业比较优势、农业政策调整及农业贸易保护进行探讨，讨论不同产品、不同农业部门因农业政策调整所引致的贸易量和贸易福利限制效果及不同农业政策措施对贸易量和贸易福利的影响，为中国今后的农业政策调整，并最大限度地获取贸易福利的贸易开放政策制定和选择提供依据。

1. 要对入世十多年来的中国农业比较优势的变化进行系统测算。本书将采用显示比较优势和国内资源成本等方法从进出口绩效和生产成本两个维度分别测度中国农业比较优势及国际竞争力，建立分析中国农业比较优势的系统评价体系，系统研究中国农业比较优势的变化历程。研究结果显示中国农产品比较优势整体下降的同时仍具有微弱优势，正逐渐为少数品种所拥有，从农产品要素密集度来看中国农业资源禀赋是中国农产品比较优势的决定因素。

2. 要对入世十多年来的中国农业贸易政策调整的总体效果及其与农业比较优势变化的关系进行测度。首先，研究选取中国入世前后1995～2011年HS6分位的农产品为研究对象，以非关税贸易措施、关税和国内支持等影响因素建立进口贸易量的阻碍模型，在测算农产品进口需求弹性的基础上量化研究非关税贸易措施对农产品进口的影响。其次，对中国农业贸易政策组合调整综合效应进行实证分析，并测算中国农业贸易条件。最后，将中国农业贸易政策调整效应和农业比较优势变化结合起来，分析政策调整与比较优势变化之间的关系，为今后的农业结构调整与发展提供决策依据。

3. 本书进一步运用贸易限制指数，对中国主要进出口农产品和不同农业部门（进口竞争部门和出口部门）在农业政策调整背景下因政策调整所引致的贸易量和贸易福利限制效果进行分析、测度和对比。首先，对分类农产品的需求价格和收入弹性的实证研究得出我国农产品需求几乎都缺乏弹性，主要农产品供应的价格弹性的实证研究均较小，说明农产品价格变动与农产品产量的关联度不强，前一期供给对当期影响较大，农业生产资料价格对农产品当期供给产生显著的负向影响。其次，在测算国内供给与需求价格弹性的基础上，量化了入世十多年来中国农业政策调整的进口竞争部门和出口部门的农产品贸易量与贸易福利、贸易限制指数，分别阐述了农业不同部门因农业政策调整所引致的效果，因融入了国内供给和需求价格弹性，结果能够更加真实地反映出中国农产品贸易因农业政策调整受到的影响。

4. 本书将焦点集中于中国农业政策调整框架下的农业边境贸易政策措施和国内政策措施的变动对贸易量和贸易福利的影响。农业政策调整过程中，不同政策措施的运用将对农业生产和贸易格局产生复合影响，亟须科学评价不同政策措施的实施效果。基于国内外文献，本书采用测算不同农业政策措施的贸易限制指数的方法来衡量和比较不同农业政策的实施效果。首先，基于相关文献估算中国农业不同政策措施对农产品贸易量和贸易福利限制水平及不同措施的相对贡献程度；其次，借助世界银行的全球贸易扭曲数据库，横向比较不同国家、地区的农业政策措施对贸易量和贸易福利的影响，通过对比研究中国现有不同农业政策工具与其他国家和地区的水平和效果。研究结果显示不同政策措施对生产者和消费贸易量及贸易福利降低的影响比例，进出口税分别起到了约50%的作用，这与世界农产品贸易自由化的历程是相吻合的。研究结果还揭示了不同时期不同政策的相互作用与贡献，当世界农产品价格波动较明显时，不同政策措施的效果也存在着差异。从中国与其他类型的国家和地区的政策效果的对比来看，与发达国家的边境措施的效应基本持平，但是仍然低于发展中国家和世界总体水平，中国现有农业边境措施对农产品贸易量的影响较小。就中国政策措施而言，因国内经济发展水平与世界发达国家存在显著的差距，在入世前后发生了显著变化，中国国内政策措施的贸易效应在所考察的国家和地区中是最低的。

中国是农业大国，同时作为世界贸易活动的主要参与者，必然需要对中国农业在今后的贸易谈判中的整体利益做综合考虑，最大化中国农业参与世界交换的净福利。在农业政策不断调整的过程中，考虑中国入世前后不同农业政策调整引致的贸易量和贸易福利效果，及不同部门、不同政策措施调整效果的国内外对比，并据此调整和制定相应的后过渡期的保护和缓冲政策，是决策者和公众都关心的问题。由于农业政策调整可能在一定程度上引发国内外农产品市场价格的扭曲，进而影响到中国农业生产和贸易格局，乃至影响中国农业政策调整的社会福利，因此本书将对中国农业政策调整作系统梳理后进行实证分析，试图为今后一段时间内中国农产品贸易谈判的目标和农业边境贸易政策和国内政策的制定提供新的分析角度和选择参考。

本书在撰写过程中，借鉴、参考了国内外大量相关文献，均已在参考文献中列出，如有疏漏，敬请相关作者谅解并表示最诚挚的歉意。

由于作者学术水平和学识有限，本书难免存在一些缺陷与不足，恳请读者批评与指正，不胜感激。

吴国松

2019年1月

目　录

第一章

绪　论

一、研究背景与问题提出

农业是中国加入世界贸易组织（World Trade Organization，WTO，以下简称“世贸组织”）谈判的难点，也是对外开放影响预期最悲观的产业之一。比较优势和农业政策调整是中国入世面对农业竞争时绕不开的问题。入世十多年来，中国农业积极应对挑战、抓住发展机遇，保障了粮食等重要农产品的有效供给，农民收入较快增长，打破了入世之初的悲观预测。

中国加入世界贸易组织后历经十多年的调整，对各个产业已经逐步实现了入世谈判框架下的承诺，中国农业也无一例外的提前完成了相关协定承诺。在WTO规则约束下，历经多边贸易谈判，各成员方除农业问题以外已经基本达成一致。农业问题必然是今后一段时间内世界贸易谈判的核心与焦点，各成员都会以本方为中心，力求提高本国和本地区的福利。中国是农业大国，同时作为世界贸易活动的主要参与者，必然需要对中国农业在今后的贸易谈判内容做综合考虑，将中国农业参与世界交换的净福利最大化。

入世十多年来，中国农业生产和贸易格局发生了显著变化，2004年首次出现农产品贸易逆差，至2018年已连续十多年，且逆差额呈现不断上升的态势。中国资源禀赋的现实决定了中国土地密集型农产品不具有比较优势，而劳动密集型农产品生产具有比较优势，进而土地密集型农产品将成为进口竞争部门，而劳动密集型农产品也将变为出口优势部门。因此，基于中国农业现状，为提高中国农业比较优势战略的实施，中国农业政策调整需要在与WTO《农业协议》保持协调的基础上实现农业的首要政策目标，追求国家利益最大化。中国作为一个发展中国家，在制定和调整农业政策时，不得不考察农业政策的调整是否与中国农业比较优势的变化相一致，尤其当部分农产品丧失比较优势的情境下，中国农业政策调整是否具有政策的倾斜也是评价政策调整的一个重要方面。

随着贸易全球化的推进，贸易议题不断翻新和增加，能够有效影响贸易流量的各种因素都将被贸易政策所关注和覆盖。中国农产品关税税率因多轮贸易谈判而降低，关税结构有较大幅度的变动，中国可能将较多采用新型的非关税贸易措施。中国农业边境贸易政策措施调整后实施的总体效果和分类产品效果对于我国农业贸易政策制定者或贸易谈判代表非常关键，是达到或争取最佳贸易福利的基础。然而已有国内研究贸易政策变动效果都是关注中国农产品关税变动状况的一般均衡分析，很少涉及农业非关税贸易措施效果的量化。此外，已有的研究政策调整效果并未明确区分政策效果是源自边境贸易政策调整还是源自国内其他政策变动，可能在一定程度上影响政策效果的评判，因此需要进一步深入研究。

大量研究显示，中国农业支持不仅力度不足、效率低下，而且部分与WTO规则不兼容。入世后，随着中国经济快速增长与结构变迁，中国农业政策发生显著变化，逐步实现从不重视农业、剥夺农业向反哺农业、补贴农业的根本性转变。这些变革既反映了国内农业政策形势变化的方向，又受到 WTO 新一轮农业谈判的影响，同时还反过来影响到农业谈判进程的推进。国内农业支持政策广义上也是一国农业贸易政策的重要组成部分，基于农业比较优势下探讨广义农业贸易政策调整对于农业生产和贸易的发展有十分重要的现实意义。国内农业支持政策的调整可能扭曲中国农业生产贸易格局，也可能在一定程度上影响农业边境贸易政策调整。另外，因中国各地农业生产的条件不同，中国在不同农产品生产上具有的优劣势各异。在国内各项政策措施的影响下，中国劳动密集型农产品和土地密集型农产品贸易量和贸易福利受到的边境贸易政策调整的影响效果可能存在一定的差异，中国农业政策措施调整对于具有比较优势的出口部门和不具有比较优势的进口竞争部门的影响效果可能也存在一定的差异。入世至今，中国市场准入和国内政策不断调整，农业政策中的边境贸易政策措施、国内政策的不断调整和变动的各自效应及综合效果如何，今后应该如何调整农业政策，才能在充分发挥中国农业比较优势的基础上达到最优效果，这些都是我们的研究课题。因此，在考察中国农业政策调整时不能忽视农业比较优势的变化，也不能忽视边境贸易政策措施和国内政策可能存在的相互影响，因为不同类别的农业政策措施调整的贸易量和贸易福利限制效果对今后的政策制定和贸易谈判都有实际的指导意义。对中国农业发展过程中不同农业政策的影响效果进行分析与衡量；探讨农业政策调整与农业比较优势变动的关系；辨别不同农业部门不同农业政策的效果，这些问题的解决有助于我们今后更好地调整农业政策，发挥比较优势。

因此，当试图测度入世十多年来中国农业政策调整的效果，并依此为今后进一步的政策制定和贸易谈判提供参考依据时，不仅需要对我国农业比较优势做全面探讨，也要对我国农业政策调整的总体效果和不同农产品、不同农业部门的效应做全面分析，更要在比较优势变动的基础上对中国农业政策调整中的边境贸易政策调整和国内政策变动的效果分别做深入研究，系统量化边境贸易措施和国内政策变动的贸易量和贸易福利效果。基于上述目的，本书将要解决以下问题：

1. 中国农业比较优势如何？

2. 中国农业贸易政策调整效果如何，及其与比较优势变动的关系如何？

3. 现有比较优势基础上，中国不同农业部门（进口竞争部门和出口部门）农业政策调整效果如何？

4. 中国农业政策调整中的边境贸易措施和国内政策措施的总体效果如何？

二、研究目标与内容安排

（一）研究目标

本书拟以农业政策调整为切入点，在测度比较优势的基础上重点研究农业政策调整对贸易量和贸易福利的影响，进而探讨不同农业部门不同农业政策措施的调整效果。总的研究目标为：多维度测定中国农业比较优势变化，并基于比较优势变化的中国农业政策调整效果作系统研究。具体来看，本书的研究目标又可以分为以下几个子目标。

研究目标一：从农业政策调整的背景入手，研究入世前后中国农业比较优势的变化，运用显示性比较优势指数和国内资源成本系数比等方法从多个角度对中国农业比较优势的变动进行系统测度。

农业比较优势问题一直是全社会关注的焦点之一，尤其是入世以来，越来越多的学者关注农业贸易全面开放中的农业比较优势的变化。农业比较优势直接关系到中国农产品国际竞争力和市场占有量，因而入世后中国农业的发展需要较多的产品实现比较优势，但 2004 年以来的农产品贸易逆差等问题与之形成了鲜明对比，农业国际化的不断深入使得中国农产品需要面对更多来自不同国家的竞争，也在一定程度上限制了中国农业政策调整对农业的保护效果。

已有研究多采用单一指标展开研究，分析某种产品的比较优势时都存在着缺陷。本书将基于现有研究方法，从生产成本（国内资源成本系数比）和进出口绩效（显示性比较优势指数）两个维度建立分析中国农业比较优势评价体系，系统研究中国农业比较优势的变化。这是本书第四章将要解决的问题。

研究目标二：从量化农产品进口非关税贸易措施入手，在测算农产品进口需求弹性的基础上综合研究农业贸易政策调整效果，并测算农业政策调整与比较优势变动的关系。

农业贸易政策由关税和非关税政策构成，现有研究多关注关税调整效应的测度。历经多轮农业贸易谈判，关税和传统的非关税贸易措施的限制进口效果的差距逐渐缩小，新型非关税贸易措施越来越多的被各国运用。现有研究对于非关税贸易措施的研究较少，可能在一定程度上影响中国农业贸易政策调整效果的综合测度。因此，我们在研究农业贸易政策调整时，不仅要关注关税的变动，更要测度非关税贸易措施的效果。

本书将在国内外文献的基础上，首先，量化非关税贸易措施的保护效果，并基于贸易限制指数构建中国农业贸易政策调整的综合效应。其次，对中国农业贸易政策调整效果与农业比较优势的变动关系做进一步分析，研究中国农业贸易政策的调整是否遵循了比较优势原则。这是本书第五章将要回答的问题。

研究目标三：在前两部分研究的基础上，从主要农产品和不同农业部门（进口竞争部门和出口部门）两个维度对中国农业政策调整的效果进行研究，并与世界其他国家地区对比分析，全面评估中国农业政策调整对主要农产品和不同农业部门的影响。

一方面，中国入世后，要素禀赋决定了其农业生产和贸易格局是出口劳动密集型农产品，进口土地密集型农产品。中国农业分工格局是按照比较优势变化而形成的。另一方面，按照中国入世承诺所做的市场准入范围的扩大和国内政策措施的调整可能在某种程度上影响着比较优势变动。现有国内很多研究都是基于一般均衡模型对农业政策调整的福利效应进行的综合研究，但是这些研究往往基于 CGE① 或 GTAP② 模型，仅能得出某个时点上的效果，无法反映政策调整效果的时序性，此外不同农业政策调整的综合效果也无法科学衡量，进而影响了农业政策的评价。那么不同要素密集型农产品的农业政策调整效果如何，农业进口竞争部门和出口部门农业政策调整效果又将如何，这些将是第六章研究的内容。

研究目标四：从农业政策措施组合入手，分析农业边境贸易措施和国内政策措施的不同作用路径，探讨不同农业政策措施的贸易量和贸易福利影响效果，深度揭示农业边境贸易政策调整和国内政策措施调整引致的福利变动方向和大小。

中国在加入世贸组织十年后应如何进一步制定合理的贸易开放政策，以及面对比较优势变动的现实，应该如何调整当前及今后一段时间内的国内支持政策，这些问题是入世十多年研究的热点。但现有研究未能定量研究不同类别的农业政策措施的效果，多数研究采用 WTO、OECD③ 或 PAM④ 方法测度农业政策支持水平。WTO 所用指标测算的仅仅是会导致贸易扭曲的国内支持政策，忽略了边境贸易措施。OECD 测度方法涵盖了所有农业支持措施，包括关税和出口补贴等边境贸易措施。PAM 将一国政策与农产品比较优势结合在一起，不仅测算了农业支持政策，而且还包括汇率、利率等非农政策对农业的影响。现有研究采用的方法虽然各有优点，但共同缺陷是难以辨别不同农业措施的效果，以至于在认识、调整农业政策措施时可能存在一定的偏差。

① CGE（Computable General Equilibrium）可计算的一般均衡模型。

② GTAP（Global Trade Analysis Project）全球贸易分析模型。

③ OECD（Organization for Economic Cooperation and Development）经济合作与发展组织。

④ PAM（Policy Analysis Matrix）政策分析矩阵。

本书将基于世界银行最新研究成果，将农业政策调整划分为边境贸易措施和国内政策措施，利用不同政策措施的贸易限制指数方法来测度中国农业不同政策措施调整的效果，并与主要国家地区相对比研究，能够辨别不同政策措施在农业政策调整效果中的比重，为今后新一轮贸易谈判和农业政策调整提供依据。本书将在第七章就此问题展开分析。

（二）研究内容

根据本书的总体研究框架和研究目标，主要研究内容及本书拟回答的问题将分以下五部分进行阐述：

第一，对入世前后中国农业开放政策调整中的边境政策变化和国内政策措施变动、农业生产和贸易现状等进行描述分析。

鉴于研究需要探讨农业政策调整的效果，考察农业政策调整是否与比较优势变动相吻合，因此在研究之初，有必要对中国农业相关政策调整的现状及边境贸易政策和国内市场政策进行分类梳理，并对我国农业生产和贸易状况进行深入了解。考虑到数据可获性和完整系统等原因，将以 1995 ~ 2011 年作为分析的历史数据区间，探讨中国入世前后农业政策调整和比较优势变动。

第二，从中国农业政策调整的现实基础入手，构建系统测算农业比较优势的指标体系，进而研究中国农业比较优势的动态变化。

中国农业政策调整不仅因为 WTO 承诺履行的被动调整，更可能出于中国农业比较优势的发挥和保障粮食安全目的而作出的主动调整。考虑到中国改革开放以来的经济发展和国际经济环境，入世后的中国农业政策调整后的政策措施选择，综合现有研究方法，采用显示性比较优势指数和国内资源成本系数比等方法对入世前后中国农产品整体比较优势和不同类别主要农产品比较优势进行研究，判别农业总体比较优势及不同要素密集度的主要农产品比较优势的变化趋势。

第三，理论阐述和实证量化非关税贸易措施的等值关税，在测算农产品进口需求弹性的基础上运用贸易限制指数测算中国农业贸易政策调整的贸易量和贸易福利效果，并分析农业贸易政策调整效果与比较优势变化的关系。

历经八轮贸易谈判，在关税逐步下调的同时形态各异的新型非关税贸易措施正在越来越多的影响一国贸易。本书将在综合辨别各自量化非关税贸易措施的方法基础上测算非关税贸易措施的等值关税，并借助农产品进口需求弹性测算农业关税措施和非关税措施变动的综合效应；进一步研究衡量农业贸易政策调整效果和比较优势变动的关系，探讨农业贸易政策调整是否与不同农产品比较优势变动保持互动关系。

第四，在测算农产品国内供给和需求弹性的基础上，运用拓展的贸易限制指数测算不同农业部门（进口竞争部门和出口部门）农业政策调整的效果，并进行国家间的对比研究，分析不同农业部门的农业政策调整对贸易量和贸易福利的影响。

研究将运用贸易限制指数对中国不同农业部门在农业政策调整背景下所引致的贸易量和贸易福利限制效果进行分析、测度和对比。在测算国内供给与需求价格弹性的基础上，量化入世十多年中国农业政策调整的进口竞争部门和出口部门的农产品贸易量与贸易福利、贸易限制指数，分别阐述了农业不同部门因农业政策调整所引致的效果。

第五，进一步运用拓展的贸易政策工具的贸易限制指数，分别测算农业政策调整中的农业边境贸易政策调整和国内政策变化的效应，以此分析不同农业政策调整的不同措施对贸易量和贸易福利的贡献，将研究结果进行国家间的对比分析。

三、研究方法、技术路线与数据说明

（一）研究方法

本书首先采用理论阐述的方式来分析贸易开放条件下农业政策调

整中的农业边境贸易政策和国内政策措施调整的综合效应；然后采用定性描述分析的方式进行初步验证；最后采用包含实证模型的计量经济学等方法和各类贸易限制指数对相关问题进行经验分析，以求研究结论客观、科学。

（二）技术路线和研究思路

本书研究的技术路线和研究思路见图 1 -1。

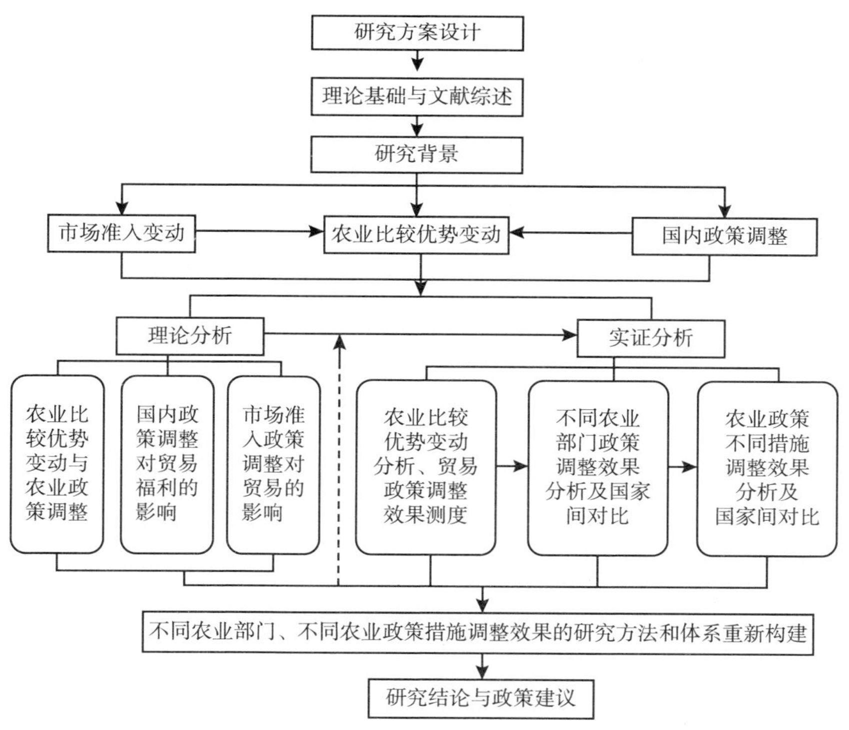

图 1 -1　技术路线和研究思路

（三）数据说明

本书所需要的中国农业政策资料和农业生产、贸易、投入、消费等方面的数据，涉及的 1995 ~ 2011 年研究数据来源广泛，处理比较复杂：通过《历史的跨越——农村改革开放 30 年》《中国农村统计年鉴》（1996 ~ 2012 年）《中国农业发展报告》（1995 ~ 2012 年）《中国世界贸易组织年鉴》（2007 ~ 2012 年）《中国农业年鉴》（1980 ~ 2012 年）《新一轮农业谈判研究》《中国农业政策回顾与评价——加入世贸组织与扩大农业对外开放》《WTO 与中国农产品贸易》等资料文献获取历年中国农业政策调整的相关资料；通过《全国农产品成本收益资料汇编》（1996 ~ 2012 年）获取历年主要农产品的成本、价格、收益等资料数据；通过联合国贸易数据库、联合国粮农组织、世界银行数据库、《中国海关年鉴》《中国统计年鉴》（1996 ~ 2012 年）等资料收集中国农产品历年进出口金额数据、主要农产品的世界市场价格、汇率等数据资料，并计算主要农产品的到岸价和离岸价；通过《中国农产品价格调查年鉴》《中国劳动统计年鉴》、世界劳工组织（International Labour Organization，ILO）等网站获取主要农产品价格、中国和世界主要国家的劳动力工资等数据；通过《中国金融年鉴》《建设项目经济评价方法与参数》（第三版）等资料获取农业生产费用贷款利率、影子汇率换算系数、社会折现率、贸易费用率、固定资产换算系数等国民经济评价参数；通过《中华人民共和国海关税则》《中国农业发展报告》《中国农业政策回顾与评价》《世界主要国家关税政策与措施》《中国税务百科全书》等资料获取进出口关税、非关税贸易措施、出口退税等资料。

四、结构安排

根据研究分析框架和具体研究目标，本书将研究内容共分为八章分别进行阐述，具体章节内容安排如下：

第一章　绪论

第二章　文献综述
第三章　中国农业政策演变和农业发展现状
第四章　中国农业政策调整的现实基础研究
第五章　中国农业贸易政策调整与比较优势相关性研究
第六章　中国不同农业部门农业政策调整效果研究
第七章　中国不同农业政策措施调整效果研究
第八章　结论及政策建议

五、可能的创新与不足

本书是在前人的研究基础上前进了一小步，有创新也有不足，具体来讲主要有以下几点：

（一）可能的创新

第一，在现有文献基础上系统量化了中国农产品进口需求弹性和国内供给，并测算了农产品非关税贸易措施效果和关税等值，为相关研究的继续展开奠定了基础，对于精确量化农业政策调整效果提供了可能。

第二，借助现有研究方法，科学构建了中国农业比较优势的测度体系，从进出口绩效、生产成本等视角综合测度农业比较优势的变化。

第三，借助相关文献，对中国不同农业部门的农业政策调整效果展开了量化研究，从而得出中国不同农业部门在比较优势变化和农业政策调整的关联性。

第四，借助相关文献，对中国不同农业政策措施的效果展开了量化研究，区别中国农业边境贸易政策和国内政策措施变动所产生的不同效果，从而区分不同政策工具的作用效果，并可进行不同年份、不同政策、不同国家间的对比。

（二）可能的不足

首先，本书仅局限于农业政策调整的边境贸易政策和国内政策措施的变化，并未涉及非农政策可能对农业生产和贸易产生的影响。

其次，本书仅以能获得相关价格数据的主要农产品展开研究，尚未包含全部农产品，用主要农产品研究结果推论全部产品可能有一定的偏差。

再次，本书仅涉及到边境贸易政策和国内政策变动的贸易量和贸易福利影响，而未展开一般均衡分析，对农业发展以及国民福利影响的分析不够全面。

最后，对农业不同政策措施工具效果的细分是基于对不同政策措施工具份额的计算，但是这一份额仅以不同政策工具所占比重来确定，可能与现实存在一定的差异，也会在一定程度上影响相关结果。

对于以上研究中出现的不足之处，将在以后的研究工作中进一步深入研究，继续完善。

第二章

文献综述

一、概念界定

多边贸易体制下的“乌拉圭回合”谈判以来，全球各经济体通过实施贸易自由化的承诺，使得各自的关税和非关税壁垒大幅降低，从而有效降低了贸易成本，提高了国际市场的准入程度。但与之相比，各国内部深层的管制协调与结构改革问题却日益突出，主要体现在缺乏跨国的立法和执行的统一与对接。因而，所谓的“第二代贸易政策”议题日益得到国际社会的重视。“第二代贸易政策”又称“下一代贸易政策”，是指影响国际贸易的国内管理体制和旨在解决国内深层结构性问题的政策。与关注边界贸易壁垒的“第一代贸易政策”相比，“第二代贸易政策”的议题是“边界内措施”。“边界内措施”将进一步推动一国市场与竞争导向的改革，同时使贸易政策更加有机地与平衡增长、公正平等、社会安全网络、可持续发展等广泛的发展目标联系起来。因此，不能仅从一般贸易政策学的角度去理解农产品贸易政策，即只依靠农产品进出口的边境贸易措施去考察现代农业体系。世界农产品贸易已经深深地根植于高度保护的国内农业政策之中，包括两个方面：一是包含在国家贸易政策系统之下的农产品方面的制度安排，也就是农产品进出口措施；二是政府为解决国内农业问题而实施的一些农业政策，如市场支持价格政策、差额补贴政策、供给管理政策等。造成农业政策独特性的原因在于农业生产和贸易的独特性，因此在制定农业政策时，不得不综合考虑农业的产业特性，必须采取政策对农业进行保护，对农业部门给予政策上的扶持和保护。因此，本书将农业政策定义为国家制定的、对农业生产以及国际贸易产生影响的规章制度。从保护的范围看，既包括对国内农业生产和农民收入的支持，又包括边境贸易保护。从保护的对象看，既包括对农业综合生产能力的支持，又包括对农业生产者利益的保护。现代农业保护政策由单纯的贸易保护转变成边境贸易保护与国内支持相结合的系统的现代农业保护体系，如表 2－1 所示。

表 2－1　　　　农业保护政策措施分类

<table>
<tr><td rowspan="8">农业保护政策</td><td rowspan="3">边境贸易保护政策</td><td rowspan="2">进口限制政策</td><td>关税壁垒</td><td colspan="2">从量关税、从价关税、混合税等</td></tr>
<tr><td>非关税壁垒</td><td colspan="2">配额数量限制、国营贸易、技术性贸易保护等</td></tr>
<tr><td>出口促进政策</td><td colspan="3">出口补贴、出口信贷、粮食援助等</td></tr>
<tr><td rowspan="5">国内支持政策</td><td rowspan="3">价格和收入政策</td><td>价格政策</td><td colspan="2">价格支持政策、限量政策等</td></tr>
<tr><td rowspan="2">收入政策</td><td>直接收入支持政策</td><td>差价补贴、产量面积补贴、休耕补贴等</td></tr>
<tr><td>间接收入支持政策</td><td>投入品补贴、运输补贴、优惠贷款等</td></tr>
<tr><td rowspan="2">发展和结构政策</td><td>发展政策</td><td colspan="2">农业研究与推广、基础设施建设、提升技术等</td></tr>
<tr><td>结构政策</td><td colspan="2">农业生产结构调整、新农民合作社组织等</td></tr>
</table>

（一）边境贸易政策

边境贸易政策是指与货物进出口贸易有关的政策措施。从边境政策的保护程度来看，可分为正效应保护，即通过采取有关进出口措施对国内某特定产业达到贸易保护目的的边境政策，主要有关税、进口配额、出口补贴与信贷、国营贸易等；负效应保护，即通过采取有关进出口措施实质上对国内某特定产业起到削减产业优势的边境政策，主要措施有出口税、进口补贴、出口配额、出口管制等；中性政策，即指对本国国内特定产业无实质性影响的边境政策。

从农业发展的历史和农产品贸易的现状来看，因农业弱质性及非贸易关注等原因，各国对农产品贸易倾向于通过一定程度的奖出限入，对本国的农业以及国内农产品市场进行正保护的政策。由经济发展水平和农业的性质决定的各国现有边境政策过于雷同，其相互冲突变得不可避免。就双边贸易而言，一国的出口即为他国的进口，因此边境保护措施带有对抗性质是必然的。同时由于信息传递机制与反应机制不灵敏所导致的边境贸易政策的反应时滞和由于贸易体制不健全所导致的边境贸易保护的调整时滞，边境政策的趋同性更加导致了边境政策的严重刚性对抗。因此同一种边境政策以及不同种边境政策之间的矛盾导致了边境政策的对抗，保护政策较高的边境贸易政策也会形成一种政策优势，使得贸易流向发生扭曲，从而引发贸易摩擦。

与农产品边境贸易政策相关的贸易壁垒主要为关税措施和非关税措施，其中非关税措施中的进口配额、技术性贸易措施、反倾销、反补贴和保障措施是影响农产品贸易的最常见措施。

1. 关税措施

进口关税是一国政府通过海关向进口商品征收的税赋。按计征方式的不同，关税可以分为从量税和从价税。进口关税要求贸易商在国际价格之上为进口商品必须向政府交纳的附加费。征收进口关税使得外国商品不能自由地进入国内市场并影响国内的价格、生产和消费。关税对本国经济的影响大小取决于该国在国际市场上的地位。无论是贸易大国还是贸易小国，征收关税都将提高进口货物的国内价格并带动国内产品价格上升，导致生产增加，进口减少，消费缩减，但影响的程度则会因其在国际市场上的地位不同而不同。

关税措施是一直备受关注的边境贸易政策措施，农产品贸易摩擦和历次有关农业的谈判都表现为关税税率和结构的调整。各国在历次多边农业谈判中均提出不断削减关税的方案，签署了有关关税减让的协议，并取得了一定程度上贸易自由化的效果，关税水平已经有了大幅下降。

2. 非关税措施

（1）进口配额

进口配额是指对进口商品实行数量限制，其目的与征收关税一样也是为了限制进口，保护国内的生产。但与关税不同的是进口配额直接控制进口数量，而不是通过提高进口商品价格间接地减少进口。进口配额的主要表现形式有两种：一是针对来自具体某一出口国的，即对来自该国产品总量进行限额，一般都是根据进出口国政府之间的协议来进行的，由出口国对本国出口商进行约束和管理；二是不针对任何具体国家的配额，即只对本国的进口商的进口总额实行限制，而不论其货源来自何国。进口配额对本国商品的价格、消费、生产以及整个社会经济的利益变动都会带来一定的影响。这种影响的大小不仅取决于进口国在国际市场上的地位，还取决于本国产品的市场结构。一般来说，进口配额措施使得进口减少，国内生产增加。同时，也使得实行这种措施的产品的国内生产增加，但不一定使得国内产品的供给总量增加。

（2）技术性贸易措施

技术性贸易壁垒（Technical Barriers to Trade，TBT，以下简称

"技术壁垒"）是指一国或区域组织以维护其基本安全、保障人类及动植物的生命及健康、保护环境、防止欺诈行为、保证产品质量等为由而采取的一些强制性或自愿性的技术性措施。TBT 是指政府根据先进的技术水平来制定、采用或实施的严格的技术法规、高标准的卫生安全检测要求以及烦琐复杂的合格评定程序等。其目的可能是政府主观上为了保护国内相关产业而刻意实施的过高标准，也有可能确实是为了国家安全、保护人类健康安全及生态环境等必须采取的合理措施，只是由于出口国落后的技术水平难以达到进口国规定的高标准，从而使其客观上遭受进口限制。技术性贸易措施已成为阻碍农产品贸易的障碍之一。

（3）反倾销壁垒

WTO 关于倾销的定义采用的是关税及贸易总协定（General Agreement on Tariff and Trade，GATT，以下简称"关税总协定"）1994 年第 6 条协定，有三个标准，违背其中任何一个标准，即可能被裁定为倾销。这三个标准是：①价格标准。一国产品以低于正常价值的价格进入另一国市场内，则该出口产品价格被视为倾销价格。②损害标准。该产品对进口国相同或相似产品产业造成实质性损害或产生实质性威胁，或实质性地阻碍某一相似产品产业的建立。③因果关系标准。倾销与损害有直接的因果关系。如果一国进入另一国市场的产品符合以上三个标准，进口国为了抵销或阻止倾销，可以对倾销产品征收不超过该产品倾销幅度的反倾销税。

由于农产品与其他商品相比本身具有价值和附加值不高的特点，而且世界各国都把农业的发展看作是社会稳定的重要因素，因此农产品就成为各国进行反倾销的重要对象之一。农产品反倾销摩擦是继农产品技术性壁垒之后，阻碍农产品贸易发展的最大障碍。发达国家是农产品反倾销摩擦的主要发起国，进入 20 世纪 90 年代后，发展中国家开始成为西方发达国家反倾销的主要对象。

(4) 反补贴措施

由于各国政府普遍对农业进行各种方式的补贴，以保护本国农业，这在一定程度上影响了其他国家的贸易利益，因而反补贴也作为一种贸易保护手段被普遍使用，但是与技术壁垒和反倾销相比，由于其程序上的复杂性和政策的针对性等多方面原因在农产品贸易上的使用相对较少。反补贴措施是指进口方主管机构应国内相关产业的申请，对受补贴的进口产品进行反补贴调查，并采取征收反补贴税或价格承诺等方式，抵消进口产品所享受的补贴，恢复公平竞争的市场环境，保护受到损害的国内产业。对受补贴进口的产品采取反补贴措施，是保护本国同类产业的重要手段，也是打击出口国不正当竞争的主要途径。反补贴措施能够维护国际贸易的正常秩序，纠正补贴对国际贸易的扭曲作用，对世界各国间贸易的正常发展是有利的。但是，如果滥用反补贴措施，就会构成新的国际贸易障碍。因此，从维护国际贸易正常秩序的需要出发，既应当对给国际贸易造成不利影响的补贴予以制裁，也应当规范各国反补贴措施。目前，发达国家是农产品反补贴摩擦的主要发起者，且发达国家之间的反补贴摩擦在所有反补贴摩擦案例中占较大比例，大部分发展中国家较少使用反补贴措施。

(5) 其他形式非关税贸易措施

随着关税壁垒向非关税壁垒形式的转变，出现了越来越多的新型壁垒。新型壁垒涉及的多是技术法规、标准及国内政策法规，它比传统壁垒中的关税和配额等复杂得多，且往往以保护本国消费者、劳工和市场环境之名行贸易保护之实，对某些国家的出口商品有意刁难。主要有绿色壁垒、社会责任标准壁垒等。绿色贸易壁垒包括环境进口附加税、绿色技术标准、绿色环境标准、绿色市场准入制度、消费者的绿色消费意识等方面的内容；社会责任标准壁垒又称蓝色壁垒，包括社会保障、劳动者待遇、劳工权利、劳动标准等方面的内容。

（二）国内支持政策

有关农业国内政策措施已成为各国农业贸易保护的主要手段。国内支持是指各国对农产品实施的价格支持、直接支持，以及其他补贴形式的国内保护措施，其政策目标就是保证本国粮食安全、维持农产品价格稳定和保障农民收入。国内支持在含义上非常宽泛，只要政府的支出是与农业和农民有关的，都属于国内支持措施，根据有无市场扭曲效应，可分为价格和收入政策、农业发展和结构政策两类，如图2－1所示。

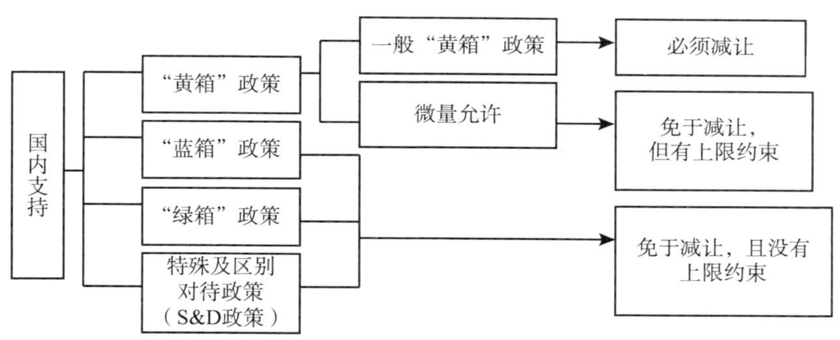

图2－1 农业协议中的国内支持

1. 价格和收入政策

（1）价格政策

政府为了实现既定的农业政策目标，经常直接干预农产品市场以提高或降低其市场价格，通过对农产品实行价格管制政策，调控农业生产和农产品贸易，合理配置农业资源，保护农民和农产品消费者利益。价格支持政策是指政府对支持的农产品规定一个政策价格，当市场价格高于政策价格时，政府不干预市场；当市场价格低于政策价格时，政府按政策价格进行收购，稳定农民收入。主要包括价格支持政策和限量政策。限量政策是价格支持政策的一个辅助手段，包括生产要素投入的限量和市场供给量的限量。

（2）收入政策

收入政策主要包括直接收入支持（直接补贴）与间接收入支持（间接补贴）两种。直接收入支持的主要目的是提高农民收入，具体形式有差价补贴、产量和面积补贴，休耕补贴、灾害补贴、耕地转向补贴和提前退休补贴等。其中差价补贴是由价格支持政策演变而来的。间接收入支持包括投入品补贴、作物保险补贴、运输补贴、优惠贷款、销售检验服务等。

2. 发展和结构政策

（1）发展政策

发展政策是指政府通过推进农业科技进步、加强基础设施建设等手段，提高农产品质量、降低农产品成本，提高农业的生产效率和竞争力。农业发展政策的最重要手段是促进农业科学技术进步的政策，政府在农业科研、推广、教育方面所进行的一系列活动就是其具体体现。

（2）结构政策

结构政策是指政府以改善生产要素在农业部门内部各部门或农业与其他产业部门之间的配置效率为目的，所采取的农业规模结构政策、农业区域结构政策等，其作用是改善生产要素在农业部门内部和在农业各部门及其他产业部门之间的配置效率。农业结构政策手段主要包括：①土地整合和土地利用政策。通过土地开发和改良，改善农业基础设施，促使现代耕种技术运用，逐步实现农业生产条件现代化。②对中止农场经营的农场主给予优惠补偿的农业重组政策或转产计划，使得土地使用相对集中，扩大农场规模，提高农业生产组织结构适应性。

二、农业政策综合效应

农业生产和贸易不仅受直接的边境贸易措施的影响，而且还受国内支持政策的影响，任何一个国家农业保护政策的变化都受其他国家所采用的隔离措施和公共政策的影响。一国农业政策的初衷都是为了追求特定的国内农业和经济发展目标，但随着农业政策扭曲程度的加深，必然会产生溢出效应，这种溢出效应主要表现为一国农业政策对国际农产品贸易的影响。一般来讲，农业支持政策通过扭曲整个世界市场的农产品生产格局和贸易流向来扭曲农产品贸易。

贸易的扭曲造成了世界农产品市场价格的下降进而产生了摩擦。从短期来看，价格支持以及直接的出口补贴直接降低了世界农产品的名义价格，而从长期来看，由国内支持政策造成的贸易扭曲虽然鼓励了国内生产，但抑制了国内对农产品的消费，造成世界进口需求的相对减少和供给的增加，又使世界市场的农产品价格趋于下降。在这种农产品贸易价格不断下降和农产品长期供给过剩的情况下，为争夺有限的市场，贸易摩擦在所难免。

同时，农业政策调整具有很强的择定性。择定扭曲是指明知一项政策会导致产业或产品生产扭曲，但考虑到整体的或更大的社会收益又不得不实施，从而发生的扭曲。受国内支持和边境贸易保护的影响，一些生产成本较高的发达国家农业投资盈利率得到提高，资源由其他部门转移到农业部门，造成农产品产量激增。饱受国内政策歧视的、生产成本较低的发展中国家农业投资盈利率则不断下降，资源由农业部门流出，最终导致农产品紧缺和相应的进口需求扩大。正是在这种农业政策调整后不断扭曲的生产结构下，农产品的贸易流向和贸易福利也发生了扭曲，一些农产品的出口大国在农业支持的前提下，不断扩大生产，抢占更多市场份额。而原来部分农产品净进口国，通过政策的支持扩大国内生产、减少农产品净进口数量直至变为净出口。与农业支持政策相对应的边境贸易政策更直接的扭曲了贸易的流向，高筑的边境贸易障碍使得国内外市场隔离出来，阻碍了世界分工的发展。而直接作用于出口的补贴政策则降低了进行农产品贸易的成本，从近期来看，起到了鼓励出口的作用，但从长期来看，出口补贴扭曲了生产者对农产品生产的预期，进而导致贸易扭曲的加剧。在进口方面，关税、非关税贸易壁垒以及贸易救济措施造成了贸易的扭曲，这种扭曲从进口国来看，隔离了国内市场和国际市场，使国内市场价格高于国际市场，减少了农产品的流入量；而从世界范围来看，出口受挫的农产品必然会流向其他国家，进一步加深贸易的扭曲。农业政策中边境政策和国内政策调整的相互间关系如图 2 -2 所示。

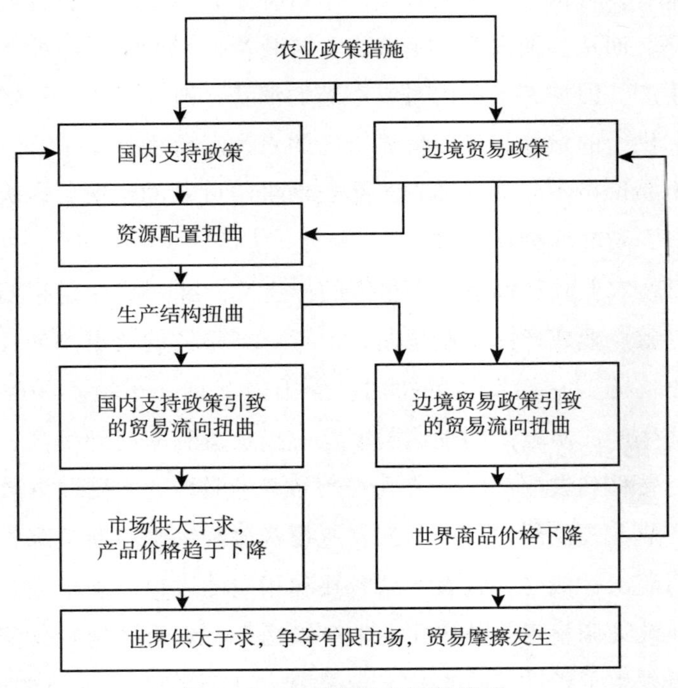

图 2 -2　政策引致的贸易摩擦

因此农业政策的制定和调整的实质就是设计农业政策方案的过程，也就是确定农业政策目标和选择最有效的农业政策手段及其组合，在农业政策目标既定的条件下，寻求与组合可达到目标要求的农业政策措施和手段。

三、相关研究文献述评

（一）农业保护与贸易开放研究

国内对农业保护政策的研究主要始于20世纪90年代中国开始复关和入世谈判，研究的问题主要集中在农业保护政策的含义、农业要不要保护，以及WTO框架下如何完善中国的农业保护政策等方面。如周小常（2000）认为农业保护是指通过政府的国内价格干预和边境控制手段，替代和扭曲市场机制作用，达到刺激国内粮食和其他农产品产量，向农业人口转移收入的目标。揭新华（1999）认为农业保护是一种旨在维护农业经济利益的政府行为，包括对农业自然资源或自然生态环境的保护，以及对农业的直接经济支持行为和对农民利益的保护两种类型。中共中央政策研究室、国务院发展研究中心课题组（1997）认为农业保护是指政府为使农业有效支持国民经济持续、稳定、协调发展，保证社会安定和良好生态环境，通过对农业生产和贸易等环节的支持与保护，以提高农业综合生产能力为目标，以保护农民利益为立足点，由此而采取的一系列支持与保护农业的政策措施的总称。程国强（2000）、潘盛洲（1999）分别从中国农业及经济发展的阶段特征，分析了实施和加强农业保护的必要性。李岳云（2001）认为新时期中国农业政策的主要手段应从边境措施转向国内支持为主。蓝海涛（2002）分析了中国农业政策与WTO农业规则的冲突，提出中国农业保护政策的调整重点应放在“绿箱”政策方面。周曙东等（2006）运用 GTAP 新发布的多哈回合谈判模拟情景方案进行模拟，就不同关税削减方案对全球贸易的宏观影响、对中国农产品贸易及农业生产的影响进行了模拟分析。

大量的研究和分析指出，由于比较优势的发挥，加入世贸组织使中国在劳动密集型农产品出口增加的同时土地密集型农产品的进口也大量增加（黄季焜等，1999；Huang and Rozelle，2000；程国强，2000；马晓河，2001；温铁军，2001；马光霞，2005；谭向勇，2006；史朝兴，2007）。在中国不具有比较优势的土地密集型农产品方面的农业就业，特别是种植业生产者的就业机会大量减少（程国强，2000；马晓河，2001；温铁军，2001；郭占庆，2002；陈锡文，2002；等等），而具有比较优势的劳动密集型农产品出口也受到目标市场出于对本国相关农产品生产行业保护而实施的非关税贸易壁垒限制措施，贸易摩擦不断（柯炳生、韩一军，2003；黄军、李岳云，2002；曾令良、韩桢，2001；朱晶，2004）。由此认为，加入世贸组织，在短期内对中国农业的冲击和对中低收入阶层农民的收入和就业的负面影响是不可低估的，在一定时期内仍然需要政府对部分产品的生产给予适当的保护（黄季焜等，1999；黄季焜等，2002；朱晶，2004；Anderson et al.，2010；牛盾，2011；等等）。刘淑敏（2015）从农产品贸易引致的调整成本这一视角来探讨贸易开放对中国农业产业结构的影响，从而为中国政府如何在贸易开放下引导本国农业产业结构优化发展，以增加农民收入，并促进农业发展提供参考建议。武凤平等（2017）认为中国农业竞争力呈现出“两高一低”特征，但农产品产业链上许多关键环节的竞争力较低，仍然是制约农业竞争力提升的因素。高宏敏（2017）提出中国贸易自由度的显著提高，国家更注重环境对贸易的影响，农业作为三大产业中的基础产业，在中国的经济中有着不可小视的影响力，农业贸易与环境的关系近年来备受关注。高雪等（2018）选取 2000～2013 年 30 个省、市、区面板数据，运用固定效应模型、工具变量估计方法对农产品贸易开放、农业增长与中国农业环境的关系进行考察，提出中国应充分利用国际市场，努力提高出口农产品的技术含量及绿色化水平，以实现农产品贸易、农业增长与生态环境的协调发展。

（二）农业比较优势研究

现有文献对农业比较优势的实证研究较多使用生产成本比较法、价格比较法、显示比较优势法、竞争力指数等方法。柯炳生等（1993）、王秀清（1999）、黄季焜等（2000）、于爱芝（2002）、肖嵘（2010）、刘寿涛（2010）、齐涛（2012）等文献对两个国家同种产品的生产成本进行直接或间接的比较，结果得出生产成本是决定一国农产品国际竞争力的关键，能够准确直观地反映比较优势高低，但忽略了产品质量、偏好等生产成本以外的因素对比较优势的影响。钟甫宁等（2000）、乔娟（2001）、唐盛尧（2008）、卢毓等（2013）研究利用两个国家的农产品价格分析农产品比较优势水平或变动趋势，但研究结果可能因为市场不完全性和消费者偏好等内外环境的差异使得该方法与其他方法测算的结果存在较大偏差。牛宝俊（1996）、何树权（2008）、夏晓平等（2009）、汤碧（2012）、万金（2012）、杨军等（2012）通过对农产品进出口贸易实绩进行分析，判断农业比较优势状况，但是忽略了国际贸易中各种政策措施对真实比较优势的扭曲作用。王福军（1999）、潘文卿（2000）、孙东升（2001）、赵美玲等（2005）、汪琳（2006）、屈小博等（2007）、刘志雄（2013）、颜小挺等（2013）的研究根据竞争力指数的大小把中国农产品划分为6个等级，并进行了比较优势的动态分析。黄宗琪等（1996）、翟继蓝等（2000）、刘李峰等（2006）、耿晔强（2009）、吕建兴等（2011）、向艾（2012）等研究对不同国家某一产品的进出口贸易实绩进行对比，分析贸易优势。程国强（1997）、徐志刚等（2000）、李建平等（2002）、钟甫宁（2003）、钟甫宁等（2004）、于爱芝（2005）、彭可茂等（2012）、孙能利（2012）等研究兼用生产成本和贸易等数据，通过对农产品生产和出口换汇效率的测算，考察其比较优势，但是其结果未能考虑进出口对价格的影响及由此给比较优势造成的影响。

王坤（2018）借助比较优势理论，在农产品比较优势路径培育相关研究的基础上，根据2012~2016年中国农产品贸易数据，首先从农产品贸易整体状况和农产品贸易额占贸易总额的比重两个方面分析了中国农产品贸易现状，并采用显示性比较优势指数分别从整体和分类多个层面对中国农产品比较优势变动情况进行了分析。高奇正等（2018）研究发现在农业领域存在显著的贸易技术溢出效应，但是国内自主农业科研投入仍是各国农业全要素生产率增长的主要来源，各国农业资源禀赋差异会弱化农业贸易的技术溢出效应，在农业贸易的大类里，农业中间品贸易的技术溢出效应相对于农产品贸易、农业资本品贸易来说更加明显。程撒撒（2018）从沿线国家总体和分地区两个角度，对2001~2016年间中国与沿线国家农产品贸易特征进行分析，从贸易总量和贸易品种两个方面研究发现双方农产品贸易总额增长迅猛。

（三）边境贸易政策调整研究

在贸易开放条件下，已有研究从不同角度对贸易政策进行理论和实证分析（张建中，2011；李勤昌，2010；李坤望等，2009；佟家栋等，2009；裴长洪，2009；谢娟娟，2009；尹翔硕，2002、2004；盛斌，1995、1996；张曙光，1997），相比之下对中国贸易政策调整的研究成果较少。现有研究更多地关注关税不同减让方式的经济效应，胡麦秀等（2004）以1992~2003年的数据为样本，分组模拟了中国非农产品进口平均税率和进口额的变化趋势；张文斌（2004）对《非农产品市场准入谈判模式草案要素》及其修订本进行了介绍和评析；

沈玉良（2005）对“制定非农产品市场准入模式的框架”下各国所提出的关税削减公式进行了分析；王晓东（2008）对多哈谈判的结果进行了模拟和评估。但是缺少对贸易整体调整中非关税贸易壁垒运用的综合效应的研究，仅综述了非关税贸易壁垒的量化方法（张曙光等，1997；冯宗宪，2000；朱钟棣等，2004；鲍晓华等，2006；曾建山，2007；蒋建业等，2009）。

国内大量文献研究入世以后中国农产品贸易政策变动对农业、农村、农民的影响（田维明，1999；黄季焜，1999；程国强，1999；张红宇，2001；李岳云，2001；董银果等，2002；王万山，2002；俞忠发，2003；裘孟荣等，2003；马春光等，2005；单培等，2005；余建等，2006；邱雁，2007；武拉平，2008；李勤昌，2009；等等），这些研究成果为国内继续该领域相关研究工作奠定了基础。但是国内多数研究是从关税减让出发，分析在不同的削减方程下的效应（耿晔强等，2010；黄鹏等，2010；徐倩等，2006；卢秋艳，2008；等等），没有涉及关税措施和非关税措施的组合效应。国外量化非关税贸易措施限制效果的文献众多，研究方法各异，可以归纳为价格契方法（Deardorff and Stern，1998；Chemingui and Dessus，2007；等等）、基于存货的方法（Lux and Henson，2000；Henson，Lux and Traill，2001；等等）和贸易限制指数法（Anderson，2007；Bernard Hoekman，2008；Kee，2006；等等）。基（Kee，2006）计算了 117 个国家 4575 种商品的贸易限制程度，得出简单平均和进口加权结果差异是因为非关税措施数据在加总过程中的问题，进一步表明发展中国家更可能实施贸易限制政策，面临更高的贸易措施。与国外丰富量化研究不同的是国内对非关税贸易措施定性研究的文献有很多，但国内量化研究较少（张曙光等，1997；冯宗宪，2000；朱钟棣等，2004；鲍晓华等，2006；曾建山，2007；蒋建业等，2009），现有研究多数综述了国外非关税贸易措施量化研究方法，提出了今后研究的思路，但尚无系统可操作研究框架，一般是在研究贸易自由化过程中简略介绍了非关税贸易措施的处理（盛斌，1995；张弘，2006）。其中值得关注的是鲍晓华等（2006）以频率比率和进口覆盖率为量化指标就技术性贸易措施对中国进口贸易的影响进行了经验研究，得出中国已经初步建立了内生化技术性贸易措施保护体系，但其实施存在较大的行业和产品离散性。具体而言，特定行业非关税贸易政策保护的效果到底如何，是一个值得继续研究的问题。国内近期针对农产品非关税贸易措施的效果量化研究仅局限在《实施动植物卫生检疫措施的协议》（SPS）措施（宋海英等，2009；董银果，2011；傅晓，2011）、日本肯定列表制度（谭晶荣等，2011；翟印礼等，2011）、《技术性贸易措施协议》（TBT）措施（孙东升等，2005；李爽等，2008；涂涛涛，2011）和反倾销（朱晶等，2011；马述忠等，2010）等方面，多数采用引力模型方法分析外国 SPS、日本肯定列表制度，或 TBT 的设置对中国农产品中的猪肉、鳗鱼、茶叶、蔬菜、园艺等出口贸易额造成的影响。这些研究仅针对国外单一非关税贸易措施对中国单一农产品的出口贸易限制研究，尚无中国设置的非关税贸易措施对外国农产品进口的影响程度研究，从方法上看，现有国内研究主要是基于存货法得到相关覆盖率或频率指数，进而用引力模型方法研究了外国设置的某种非关税贸易措施对中国农产品出口的影响。

陈祥新（2018）在回顾谈判进程和分析文本内容基础上，总结出跨太平洋伙伴关系协定（Trans - Pacific Partnership Agreement，TPP）主要特征和特别之处，通过贸易发展分析，重点关注中国与 TPP 成员国农产品贸易壁垒、自由贸易区建设水平以及农产品双边贸易金额和结构变化情况。周曙东等（2018）根据中国签署的 13 个自由贸易协定中的关税削减方案，用一般均衡模型模拟分析了自由贸易协定的实施对中国农业的影响，探讨了多重自由贸易协定关税削减方案的叠加效应，及中国农业供给侧结构调整策略。刘春鹏等（2018）的研究得出在中东欧16国农产品出口方面，中国市场需求增加是推动中东欧16国农产品出口增长的主导因素，出口竞争力提升同样对出口增长有所贡献，出口产品结构不合理则抑制了出口增长。

（四）国内支持政策调整研究

翟雪玲等（2004）、张红宇等（2001）分析了其他国家农业支持政策发展与演变的过程，寻找本国农业支持政策的差异，研究如何按照WTO所允许的规则，构建相应的政策体系，以对农业进行有效的保护。崔卫杰等（2007）研究认为WTO国内支持规则对中国现行农业政策的影响不显著，但对今后中国农业支持政策长期改革的约束作用逐步显现。周应恒等（2009）运用全球贸易分析模型（Global Trade Analysis Project，GTAP）的模拟结果显示，取消农业税和“四补贴”（种粮农民直接补贴、农资综合补贴、良种补贴和农机具购置补贴）政策对粮食增产和农民增收有较为明显的效果，但粮食增产受到价格波动的影响更大，由于受到WTO规则的限制，“微量允许”措施对粮食增产的作用最大不会超过9%，国内粮食价格的上涨会在几年时间内持续扩大“微量允许”的使用空间，这使得政策的使用具有更大的弹性。

有学者认为发达国家农产品边境贸易措施的削减比国内支持政策的削减更有利于提高发展中国家的福利，伯纳德·霍克曼等（Bernard Hoekma et al.，2004）运用局部均衡模型分析了OECD国家的农业补贴和边境贸易措施对发展中国家出口、进口和福利的影响，模拟结果表明边境贸易措施削减50%远比农业补贴削减50%的影响更大。也有学者认为发达国家的大量国内支持是导致国际农产品价格扭曲、发展中国家利益受损的最主要原因。贝马德等（Bemard et al.，2002）评价了世界119个国家（地区）的关税和国内支持水平，认为发达国家特别是OECD国家的农业国内支持水平要明显高于发展中国家，要想提高发展中国家参与国际农产品贸易自由化的获利程度，应当削减发达国家的农业国内支持。于爱芝（2006）针对近年来中国农业政策发生的显著变化，运用 PAM 对中国主要农产品的比较优势、竞争力、政策的保护力度、敏感性以及农业活动的效率进行实证分析，研究得出一国在实施多项农业政策时，PAM 方法无法分析各项农业政策分别产生的影响。

当前国内农业政策相关研究主要从国内支持总量和结构两个角度加以分析。张莉琴等（2003）、曹芳（2005）、李伟杰（2007）等对农业国内支持总量和农产品成本支出的相关性研究表明，中国的农业国内支持力度不足，土地密集型农产品在国际市场中的价格劣势与农业的成本支出关系密切。此外还有部分研究分析了入世后国内支持调整的影响，主要集中在对粮食直接补贴政策进行分析。李鹏（2007）运用农业贸易政策模拟模型（ATPSM 模型），对多哈回合农业谈判国内支持政策削减方案的影响进行了局部均衡分析，模拟结果显示，多哈回合提出的对成员国国内支持的削减将使中国的福利损失约 2 亿美元。苏科五（2003）认为存在支持手段缺乏多样性，投资主体有缺位，支持对象选择存在歧视性，财政农业投入分布结构不合理，未能构筑对外贸易的合理壁垒和缺乏有效的监督机制，导致了农业投资地位的弱化。冯少雅（2003）从信息经济学角度分析了在信息不对称条件下，构建与完善中国农业支持政策的重点方向。韩文丽（2004）针对中国目前农业发展支持体系中存在的一些问题，建议建立以政府为主导的政府、市场、农业自我发展相结合的、多元化的农业支持体系。程国强（2011）运用 OECD 的 PSE 方法评估近年中国农业支持政策的实施效果与结构变化特征，表明中国对农业的补贴支持已经进入快速增长阶段，农业支持总量和主要农产品补贴水平大幅提高，价格支持和挂钩补贴等措施逐步成为主要政策工具。

李江一（2016）利用 2011 年和 2013 年中国家庭金融调查面板数据，从农业生产和消费两个角度对农业补贴政策效应进行了评估，得出尽管当前农业补贴已演变成对农户的一项收入补贴，但它仍具显著提高农业产出的激励效应，且完全通过影响农业投入来影响农业产出。李孝忠等（2017）以黑龙江省13个地市47个村的3831户调查数据为基础，以积温带为依据的全新角度对样本农户进行分类，揭示农户在人力资本、家庭成员、种植品种、积温约束、土地规模、收入结构等不同条件下，对农业补贴政策满意度的评价差异，运用有序多分类Logistic回归方法，实证分析了农业补贴直接受益者——农民对农业补贴政策实施效果的主观评价及对政策完善可能带来的影响。汤敏（2017）在深化农业供给侧结构性改革的背景下，中国农业补贴政策体系完善应借鉴OECD国家经验，从强化政策的系统性、提高政策的精准性、整合农业补贴资源和理顺市场与补贴关系等方面入手优化补贴政策体系。彭超（2017）研究得出在农业供给侧结构性改革进程中，需要明确目标，转变体制，调整思路，拓展农业补贴的对象和范围，创新农业补贴方式，促进农业农村发展新旧动能转换。张天佐等（2018）认为农业政策改革始终围绕发挥市场在资源配置中的决定性作用和更好发挥政府作用这条主线展开，在发挥价格配置资源作用的同时，也运用补贴等政策手段不断丰富了农业支持保护的方式和途径。面向农业农村现代化和乡村振兴的宏伟蓝图，加快改革完善农业支持保护制度，更好发挥价格支持和补贴政策的导向作用，仍然是当前和今后一个时期农业支持保护制度建设的重点。薛信阳等（2018）认为采用文献研究法，从研究视角和研究方法两个维度对国内外农业补贴政策实施效果研究进行了梳理。发现国外农业补贴政策的实施效果研究主要可以分为经济效应研究、社会效应研究和生态效应研究。国内农业补贴政策效应研究主要集中在以政策目标为主的经济效应研究，社会效应研究和生态效应研究较少，其中生态效应研究大多为定性研究和政策性建议。柯炳生（2018）分析了三种补贴政策（保护价收购政策、目标价格补贴政策、脱钩补贴政策）的基本原理，以及对市场平衡、生产者利益、消费者利益、国家财政支出等方面的不同影响效果。

（五）文献述评

从以上的文献综述我们不难看出，对农产品贸易保护政策的研究已经取得了一定的成果，但以往的研究仍然存在着一定的不足。目前，国内有关贸易政策的调整研究主要集中在关税税率降低、关税变动或单一非关税贸易措施的研究，具体而言涉及农产品的非关税贸易措施的保护效果到底如何，其与关税政策变动、国内政策调整的关系如何，中国农业边境贸易政策和国内政策调整的实际效果如何等一系列值得继续研究的问题。虽然有大量研究利用一般均衡模型（CGE 和 GTAP 等）研究贸易相关政策的变动福利影响，但是都无法识别农业贸易量和贸易福利的变动是由哪类农业政策措施（边境贸易政策、国内支持政策）引致的，因而也就无法科学判断边境贸易政策措施和国内政策措施的作用效果。同时，由于相关研究基于投入产出表，而投入产出表一般五年编制一次，近期已有研究是以 2007 年投入产出表为基础数据，很难适应目前的国内外经济和贸易环境的变化，且无法形成连续的时间序列指数来动态分析变化，故以此为依据的对策建议可能有偏。进而现有国内研究尚未将边境贸易政策调整、国内政策变动分开区别探讨其作用效果和机制，这对于认识、综合解决相关问题会产生一定的偏差。此外现有研究中常用的不同产品加总的生产者保护率（Norninal Rateof Assistance，NRA）和消费者税收等价（Consumer Tax Equivalence，CTE）无法反映不同政策对贸易量和贸易福利削减的实际效果：尤其当一些政策措施如进口关税呈现负效应，而另外一些措施如出口补贴呈现正效应时。如果进口竞争行业和出口行业同样遭遇关税的限制，尽管两种都是贸易量和贸易福利削减型措施，但整合的 NRA 和 CTE 接近于 0。而本书基于贸易限制指数等相关理论的分析可以衡量国内和边境政策的不同效果，明确其在贸易量削减和贸易福利削减中的各自比重。

第三章

中国农业政策演变和农业发展现状

中国农业政策随着经济环境的变化而发生调整，但是增加农民收入、保障粮食安全、提高农产品国际竞争力等目标在目前以及未来仍然是中国农业政策的基本目标。加入 WTO 后中国农产品关税壁垒逐步降低，实现了降低关税和非关税保护措施的承诺，边境贸易措施已经降至发展中国家的最低水平。同时中国国内农业支持措施在加入 WTO 前后发生了比较明显的变化，农产品流通趋向市场化，如取消农业税、逐渐减少价格对农业生产和贸易的扭曲，增加了对农业生产者进行直接补贴为导向的收入支持政策，符合农产品贸易自由化进程的要求。因此，本章将对中国农业政策措施的调整进行细致回顾，为后面的实证研究积淀数据，并简要阐述中国农业生产、贸易现状。

一、中国农业政策调整

现阶段中国农业政策目标可以归纳为：粮食安全、食品安全、环境保护、农民收入、农业竞争力、农村发展。入世前后中国农业政策目标以及政策手段在 WTO 相关规则制约下发生了显著变化。从表 3－1

可以看出，在不同的经济发展阶段，中国农业政策首要目标发生了转变，而且政策目标趋于多元化，政策手段趋于多样化。尤其是加入WTO后，农业政策目标多元化特征更加明显，逐步改变价格支持政策为收入支持政策。

表3-1　1979~2011年中国不同经济发展阶段农业政策对比

发展阶段	1979~1985年	1986~1996年	1997~2001年	2002~2011年
农村居民人均收入	273元/258元	896元/445元	2216元/629元	2687元/742元
首要政策目标	增加农业产出 保障粮食安全	增加农业产出 保障粮食安全	增加农民收入	三农问题
其他重要政策目标	增加农民收入	增加农民收入	粮食安全 食品安全 环境目标	粮食安全 提升农产品竞争力 食品安全 环境目标 农村发展
主要政策措施	1. 家庭联产承包责任制； 2. 农副产品价格保护； 3. 农用工业品价格限制； 4. 关税等贸易政策	1. 1993年出台《中华人民共和国农业法》； 2. 粮食流通双轨制； 3. 价格干预政策； 4. 关税等贸易政策	1. 加强农业基础设施建设； 2. 粮食保护价； 3. 退耕还林； 4. 关税、配额等贸易政策	1. 税费改革； 2. 收入支持政策； 3. 农村发展政策； 4. 环境政策； 5. 关税、配额等贸易政策

资料来源：根据宗义湘（2006）等文献资料整理。

由于政府政策目标和政策重点发生明显改变，这导致政策工具和措施也经常随之变动。下文将依据政策措施的保护范围从农业国内支持政策和农业边境贸易政策两个方面回顾。

（一）中国农业国内政策演变

中国国内农业支持政策众多，下文主要介绍农产品流通政策、价格政策、财政支农政策、农业税收政策。

1. 流通政策

中国农产品流通政策的改革，主要包括产品销售渠道、价格机制、国有销售企业等方面政策的改革。对于不同产品，如粮食、棉花、畜产品等的流通体制改革其历程和复杂程度是不同的。

粮食一直是中国农产品中最主要的组成部分，粮食流通体制改革兼顾到生产者、消费者、经营者和政府财政之间的利益，以及其他一些非经济目标，如保证社会稳定和国民经济其他方面改革的顺利进行的需要，因此中国粮食购销政策的改革相比其他农产品更具特殊性和曲折性。中国粮食流通体制的变迁可以分为四个阶段：计划经济时期的粮食统购统销政策、转轨时期的粮食合同定购和市场购销并存的双轨制政策、入世前宏观调控下的市场粮食购销政策、加入 WTO 后的粮食购销政策。2001 年 8 月 20 日，出台的《关于进一步深化粮食流通体制改革的意见》，核心思想浓缩为："放开销区、保护产区、省长负责、加强调控"。2004 年 5 月 26 日国务院发布了《粮食流通管理条例》，赋予了粮食行政管理部门管理全社会的粮食流通和对市场主体准入资格审查的职能。2004 年 5 月 31 日国务院召开全国粮食流通体制改革工作会议，提出在国家宏观调控下，充分发挥市场机制在配置粮食资源中的基础性作用，实现粮食购销市场化和市场主体多元化，建立健全符合中国国情和适应社会主义市场经济发展要求的粮食流通体制，确保国家粮食安全。2006 年的中央"一号文件"提出供销合作社要创新服务方式，广泛开展联合、合作经营，加快现代经营网络建设，为农产品流通和农民生产生活资料供应提供服务。由此可以发现粮食流通体制改革和粮食供需关系是紧密相连的，这说明保障粮食安全是国家农业政策的基本目标，但市场化改革也是粮食流通体制改革的总体趋向。

中华人民共和国成立到1999年，中国长期实行了棉花购销价格由国家统一制定，棉花收购、加工和销售由供销社棉花企业统一经营的“一定三统”国家垄断经营制度。此外棉花进出口贸易由国营贸易公司负责执行，列入国家计划管理。1998年11月28日，国务院提出逐步建立在国家宏观调控下主要依靠市场机制实现棉花资源合理配置的新体制，由市场形成价格，国家主要通过调节储备和进出口数量等手段调控棉花市场。2001年7月31日，又提出了“一放二分三加强，走产业化经营的路子”的指导思想，在新的体制下，国家以调节储备为主要手段，试图平衡棉花市场上的各个利益主体的相互关系，形成有利于棉花产业稳定发展的市场环境，保证棉花市场有序运行。

畜产品的市场化改革要比粮食流通体制改革早，而且改革路径和复杂程度远低于粮食改革，早在20世纪80年代之后就开始放开，走市场化道路。对于水果的生产和流通，政府的干预程度要比肉类还低，国家对水果实行了放开价格，多渠道经营的政策，极大地调动了农民种植果树的积极性，使中国果品生产得到快速发展，并已成为世界水果生产大国。对于烟草和糖料作物，烟草一直由国家垄断，价格由国家烟草专卖局制定，国家收购境内种植的烟草；甘蔗和甜菜也由国家规定指导价，通常要远远低于种植者从榨糖企业获得的价格，由国家食糖加工部门收购。

2. 价格政策

1950～1980年，中国对农产品实行国家收购价和国家销售价的统购统销政策，国家对工农产品比价进行了多次调整。1979年开始中国政府制定了农产品定价政策、征收农业税、工农业产品“剪刀差”、农业农村储蓄、利息倒挂等措施。1985年，粮食定购合同制取代了长期实施的粮食统购制，增加集体、个体的流通等渠道改进粮食销售。由于农产品购销价格偏低，使农民的生产积极性降低，从而刺激城市居民粮食消费的非常规增长。1990年后，政府加大对农业的投资力度，农产品的收购价在一定程度上得到了提高，与此同时农业生产成本上涨，一定程度上抵消了政府对农产品提价的积极作用。1990～1996年，粮食议购价格、市场价格和定购价格并存。1997年第四季度，中央政府通过国有企业以保护价敞开收购，保证农民收入达到一定水平，推出了“粮食保护价计划”，入世后对重点品种实行最低收购价。为了缓解粮食产量连续多年下降的局面，提高粮食比较利益，政府在2004年实施了重要农产品的最低保证价格制度（如表3－2所示）。

表3－2　2005～2012年中国粮食最低收购价格与临时收储价格

单位：元/公斤

分类	品种		执行范围	2005年	2006年	2007年	2008年	2009年	2010年	2011年	2012年
最低收购价格	小麦	白小麦	河南、河北、江苏、安徽、山东、湖北	—	1.44	1.44	1.54	1.74	1.80	1.90	2.04
		红小麦		—	1.38	1.38	1.44	1.66	1.72	1.86	2.04
		混合麦		—	1.38	1.38	1.44	1.66	1.72	1.86	2.04
	稻谷	早籼稻	湖南、湖北、江西、安徽、广西	1.40	1.40	1.40	1.54	1.80	1.86	2.04	2.40
		中晚稻	吉林、安徽、江西、湖北、湖南、四川、黑龙江、辽宁、江苏、广西、河南	1.44	1.44	1.44	1.58	1.84	1.94	2.14	2.50
		粳稻		1.50	1.50	1.50	1.64	1.90	2.10	2.56	2.80
临时收储价格	稻谷	中晚稻	南方稻谷产区	—	—	—	1.88	—	—	—	
		粳稻	东北稻谷产区	—	—	—	1.84	—	—	—	
	玉米		东北产区	—	—	—	1.50	1.50	—	—	2.14
	油料	大豆	东北产区	—	—	—	3.70	3.74	3.80	—	4.60
		油菜籽	油菜产区	—	—	—	4.40	3.70	3.90	—	

资料来源：依据国家发展和改革委员会网站相关文件和历年《中国农业统计年鉴》整理。

3. 财政支农政策

随着中央农村经济发展政策不断调整，农业补贴政策也不断变化。同时为了实现入世承诺，加入 WTO 后，中国实施了一系列新的收入支持政策，并将持续实施。新的政策收入支持政策主要包括粮食直接补贴、良种补贴、农机具购置补贴（简称“三补”），2004 年以来，我国的“三补”资金额逐年增加。2005～2010 年的中央“一号文件”中，每年都提出在上一年的基础上，进一步增加补贴资金，提高对种粮农民的直接补贴力度。

（1）粮食直接补贴

加入 WTO 后，国家对粮食生产政策逐渐由价格干预向收入支持政策转变。这一转变符合 WTO 农业协议的要求，也是和许多国家农业支持政策转变方向一致的。2002 年，中央政府为鼓励粮食生产，选择安徽（天长、来安两县）、吉林（东风县）两个粮食生产省进行粮食直接补贴试点，2004 年粮食直接补贴在全国范围内推开。该项补贴与流通环节脱钩，转入生产过程，将多年来的“暗补”变为“明补”。政策的目的是让种粮农民不赔本，增加粮食产量，增加收入。资金来源是中央财政预算的粮食风险基金。各地补贴方式不一，主要有四种：按农业税面积补贴、按计税农产品常年产量补贴、按粮食实际种植面积补贴、按种粮农民出售的商品粮食补贴（详见表 3－3、表 3－4、表 3－5）。

表 3－3　2004 年中国部分省份粮食直补标准、品种和范围

省份	补贴标准	补贴品种	补贴范围
内蒙古	0.06 元/公斤	玉米、小麦、水稻	5 个粮食生产市
辽宁	18.82 元/亩	玉米、小麦、水稻、高粱、小杂粮	所有粮食生产者
吉林	0.08 元/公斤	玉米、大豆、水稻	所有粮食生产者
黑龙江	15.00 元/亩	玉米、大豆、水稻、小麦	所有粮食生产者

续表

省份	补贴标准	补贴品种	补贴范围
江苏	20.00 元/亩	水稻	计划种植面积
安徽	小麦 0.11 元/公斤; 中晚稻 0.09 元/公斤	小麦、中晚稻	所有粮食生产者
江西	0.08 元/公斤	水稻	粮食订单户
山东	14.00 元/亩	小麦	粮食生产县
河南	12.30 元/亩	小麦、水稻	粮食生产县
湖北	早稻 10.00 元/亩; 中稻 15.00 元/亩	小麦、水稻	所有粮食生产者
湖南	11.00 元/亩	水稻	所有粮食生产者
四川	0.13 元/公斤	玉米、小麦、水稻	所有粮食生产者

资料来源：李小军．粮食主产区农民收入问题研究［D］．中国农业科学院，2005。

表 3-4　　2007 年中国部分省份粮食直补标准、品种和范围

省份	补贴标准	补贴品种	补贴范围
内蒙古	0.06 元/公斤	玉米、小麦	粮食主产区
辽宁	10.00 元/亩	玉米、小麦、水稻、高粱、小杂粮	所有粮食生产者
吉林	0.08 元/公斤	玉米、大豆、水稻、小麦	所有粮食生产者
黑龙江	15.00 元/亩	玉米、大豆、水稻、小麦	所有粮食生产者
江苏	20.00 元/亩	水稻、小麦	补贴计划种植面积
安徽	14.20 元/亩	小麦、中晚稻	所有粮食生产者
江西	10.00 元/亩	水稻	按采购订单补贴
山东	14.00～15.00 元/亩	小麦	按种植面积补贴
河南	12.30 元/亩	小麦、水稻	粮食主产区
湖北	11.51 元/亩	小麦、水稻、玉米	所有粮食生产者
湖南	14.10 元/亩	水稻	所有粮食生产者
四川	0.13 元/公斤	玉米、小麦、水稻	所有粮食生产者

资料来源：中华人民共和国统计局．中国统计年鉴 2008［M］．北京：中国统计出版社，2008.

表 3 - 5　　2011 年中国部分省份粮食直补标准、品种和范围

省份	补贴标准	补贴品种	补贴范围
内蒙古	3.00 元/亩	玉米、小麦、水稻	5 个粮食生产市
辽宁	13.28 元/亩	玉米、小麦、水稻、高粱、小杂粮	所有粮食生产者
吉林	17.00 元/亩	玉米、大豆、水稻	所有粮食生产者
黑龙江	3.00 元/亩	玉米、大豆、水稻、小麦	所有粮食生产者
江苏	20.00 元/亩	水稻	计划种植面积
安徽	10.00 元/亩	小麦、中晚稻	所有粮食生产者
江西	11.80 元/亩	水稻	粮食订单户
山东	15.00 元/亩	小麦	粮食生产县
河南	19.10 元/亩	小麦、水稻	粮食生产县
湖北	11.42 元/亩	小麦、水稻	所有粮食生产者
湖南	13.50 元/亩	水稻	所有粮食生产者
四川	10.00 元/亩	玉米、小麦、水稻	所有粮食生产者

资料来源：中华人民共和国统计局．中国统计年鉴 2012 [M]．北京：中国统计出版社，2012.

(2) 良种补贴

加入 WTO 后，政府为了提高粮食单产和改善粮食品质，满足国内对优质粮食品种的需要，促进优质高效农业发展，实施了良种补贴政策。补贴方式主要有三种：一是按照种植面积直接兑付现金。农业部门向农户推荐良种，农户自主购买。二是按种植面积提供良种。农业部门组织公众企业，由其向农民提供良种。资金拨到公众企业，农业部门负责监督实施。三是农户凭购买良种发票到财政部门兑现良种补贴。2002 年中央财政投资 1 亿元（如表 3 - 6 所示），用于高油大豆良种推广补贴，良种推广示范面积 1000 万亩；2003 年国家继续实施高油大豆良种推广补贴项目 2000 万亩，同时实施优质专用小麦良种推广补贴 1000 万亩，补贴资金分别为 2 亿元、1 亿元；2004 年良

种补贴范围扩大到大豆、小麦、玉米、水稻四大粮食作物，集中安排在 13 个粮食主产省区。2004 年不同区域和不同品种的补贴标准是：高油大豆、优质专用小麦、专用玉米每亩补贴 10 元；黑龙江省、吉林省、辽宁省农民种植水稻每亩补贴 15 元；湖南省、湖北省、江西省、安徽省农民种植早稻每亩补贴 10 元，种植粳稻、中籼稻每亩补贴 15 元。地方财政安排专项资金 4.28 亿元，如江苏省财政安排水稻良种补贴资金 5000 万元。至 2006 年底，中央财政累计安排良种补贴资金 112.74 亿元，惠及农户由 53 万户扩大到 5800 多万户，有力促进了粮食稳定增产和农民持续增收。2008 年中央财政安排的良种补贴资金达到 120.7 亿元，比 2007 年投入的良种补贴资金增长 80% 以上。

（3）农机购置补贴

加入 WTO 后，为了提高农产品竞争力，推进农业现代化，政府更加重视扩大农业经营规模和提高农业生产率。在现代化农机具推广使用过程中，为了减轻购买农机具的负担，在 2004 年实施了大型农机具购置补贴，对农民个人、农场职工、农机专业户和直接从事农业生产的农机服务组织购置和更新大型农机具给予的补贴。补贴的机具类别是小麦、水稻、玉米、大豆四大粮食作物所需“六机”，即拖拉机、深松机、免耕精量播种机、水稻插秧机、收获机、秸秆综合利用机械。补贴标准是中央财政资金按不超过机具单价的 30%、最高补贴额不超过 3 万元，补贴实行集中支付制。购机时，农民只交纳扣除补贴金额后的差价款即可提货，供货方出具购机发票。2009 年国家投入购机补贴 100 亿元（如表 3-6 所示），可直接拉动农民投入近 540 亿元，增加农机工业销售产值近 640 亿元。从近年的实施情况看，2009 年补贴资金虽然规模增幅较大，比上年翻一番还多，但未实现全国普惠制，仍有很大一部分农民的购机补贴需求得不到满足。2010 年中央财政安排农机购置补贴资金 145 亿元，同时各级地方财政也应增加农机补贴和农机化方面的投入，进一步扩大了补贴机具种类范围，由

2009 年的 12 大类 38 个小类 128 个品目扩大到 12 大类 45 个小类 180 个品目，新增 52 个品目。2011 年农机购置补贴资金再度增加，总规模达到 175 亿元，比上年增加 20 亿元，实施范围继续覆盖全国所有农牧业县（场）。2012 年，中央财政年初安排农机购置补贴资金 200 亿元，年中追加 15 亿元，总计 215 亿元，比上年增加 40 亿元，增长 22.9%。农业部、财政部制定并印发的《2013 年农业机械购置补贴实施指导意见》，标志着 2013 年农业机械购置补贴正式启动实施。业内人士指出今后中央财政农机购置补贴资金额度还会进一步加大，2013 年第一批指标比上年同期第一批 130 亿元高出 70 亿元，由此可以推算全年补贴资金至少超过 250 亿元，具种类范围为：耕整地机械、种植施肥机械、田间管理机械等 12 大类 48 个小类 175 个品目机具，此外各地可在 12 大类内自行增加不超过 30 个品目的其他机具列入中央资金补贴范围。

表 3 - 6　　2002 ~ 2012 年中国农业直接补贴资金规模　　单位：亿元

年份	粮食直补	农资直补	良种补贴	农机补贴	补贴合计
2002	0	0	1.00	0.20	1.20
2003	0	0	3.00	0.20	3.20
2004	116.00	0	28.50	0.70	145.20
2005	135.00	0	38.70	3.00	176.70
2006	142.00	125.00	41.50	6.00	314.50
2007	151.00	276.00	65.70	20.00	512.70
2008	151.00	716.00	123.50	40.00	1030.50
2009	151.00	795.00	154.80	100.00	1200.80
2010	151.00	835.00	204.00	154.90	1344.90
2011	151.00	860.00	220.00	175.00	1406.00
2012	151.00	1078.00	220.00	215.00	1649.00

资料来源：根据中华人民共和国财政部网站的公开资料整理。

4. 税收政策

农业税是向那些从事农业生产并从农产品中获得收入的个人或集体征收的一种税。农业税收政策是加入 WTO 后发生最大变化的农业政策。国家取消农业税是为了减轻农民特别是种粮农民的负担，提高农产品的国际竞争力，增加种粮农民收入，调动种粮农民积极性。已被取消的农业税是根据 1958 年通过的《中华人民共和国农业税条例》实施的。它实行地区差别比例税率，当时确定的国家平均税率是计税耕地正常粮食产量的 15.5%，并且规定地区的最高税率不能超过 25%。从 2000 年开始，国家开始实施农村税费改革试点，2001 年又将试点范围扩大到全国农业人口总数的 3/4，并继续实行灾区农业税费减免。国家新增专项转移支付资金 165 亿元，同时通过调整支出结构，减少各种不必要的开支，千方百计安排足够资金支持农村税费改革，减轻了农民特别是低收入农民家庭的负担。2002 年，农村税费改革在 20 多个省份的范围内均取得了明显成效，不仅规范了农村税费制度，有效遏制了农村“三乱”，还带动和促进了农村其他各项改革。在试点省份，农民负担普遍减轻 30% 以上。2003 年，农村税费改革试点在全国全面铺开。2004 年，黑龙江省、吉林省试点免征农业税。河北省、内蒙古自治区、辽宁省、江苏省、江西省、山东省、河南省、湖北省、湖南省、安徽省 111 个粮食主产区降低农业税税率 3 个百分点，其他地区降低 1 个百分点。2005 年有 26 个省份取消农业税，2006 年全国各省份全部取消农业税，至此在中国延续了 2600 年的“皇粮国税”正式退出历史舞台。2006 年国家宣布全面取消农业税，作为政府解决“三农”问题的重要举措，停止征收农业税不仅减少了农民的负担，增加了农民的公民权利，体现了现代税收中的“公平”原则，同时还符合“工业反哺农业”的趋势。

（二）中国农业边境贸易政策演变

1992 年以后，中国政府贸易体制进行了较大幅度改革，主要表现在降低关税、取消部分商品的进口许可证管理、取消进口替代政策、实行单一汇率、改革国营贸易等。为与整个贸易体制相适应，农产品贸易政策也做出了相应改革。入世前后，中国在开放农产品市场方面做出广泛的承诺，包括大幅度削减关税、对部分重要农产品进口实行关税配额制度管理、规范动植物检疫措施和食品安全技术标准等。

1. 关税政策

中国入世前后，农产品外贸政策作出了较大的减让承诺，从 1992 年乌拉圭回合谈判开始，中国农产品平均关税水平就逐步下调，政府通过削减关税大大降低了对农产品的关税保护。在关税减让方面，加入世贸组织后，依据承诺，中国对一般农产品的进口采取单一、约束的关税管理制度，取消农产品非关税措施。根据承诺，到 2008 年中国的农产品平均进口关税税率要从入世前的 21.3% 降至 15.1%。而实际上中国农产品的平均税率在 2005 年就已经降至 15.35%，远远低于美国、日本和欧盟等发达国家水平，仅为世界农产品平均关税 62% 的 1/4，其中中国农产品的关税总水平更是由入世前的 15.3% 下降到 2005 年的 9.9%，提前达到 10% 以下水平的目标，成为世界上农产品关税水平最低的国家之一。农产品平均税率在如此短时间内降至如此低水平，这在 WTO 成员方中是为数不多的。中国在入世时就曾承诺到 2008 年将 977 项关税目录的平均关税削减到 15.1%，并对小麦、大米、玉米、棉花、糖类、羊毛、大豆油、菜籽油、棕榈油等 9 种产品适用关税配额制度，而实际上，中国只用了 4 年就兑现了承诺。随着农产品关税水平的下降，中国关税的范围也在缩小，但一些传统上不具有比较优势的产品，如土地密集型农产品，关税水平依然比较高，而那些关税水平大幅降低的产品一般都是相对比较具有优势的农产品，如一些劳动密集型产品。

表3－7、表3－8显示了中国加入WTO后主要农产品的关税减让过程，关税继续降低，几乎都降至20%以下。表3－9对于实行关税配额（TRQ）管理的农产品，配额内设置了很低的关税，如粮食为1%，加入WTO之前配额外关税高达114%，但是在加入WTO后，配额外关税也降低到了65%，降幅为43%。1996年对大豆和油菜籽也实施了TRQ管理，但是在加入WTO后取消了关税配额安排，仅维持3%和9%的进口关税。实施配额管理的棉花，在国内供需缺口较大的情况下，配额内外关税都连续降低。总的来讲，关税配额产品（46个税目）的配额内关税平均为6%，而配额外关税平均为55%，这在WTO成员中处于较低的水平。

表3－7　　历年农产品关税总体水平

年份	简单平均		加权平均
	关税税则平均（Tariff line averaging method）	海关协调码细分税则平均（HS sub-heading averaging method）	关税细目（Tariff line）
1996	35.14（3－121.6）	36.48（3－121.6）	57.81
1997	24.88（2－121.6）	25.87（1.5－121.6）	44.39
2001	24.9（2－121.6）	25.41（1.4－121.6）	58.61
2002	19.76（2－71）	19.75（1.2－71）	20.22
2003	18.23（2－68）	18.18（1.1－68）	17.82
2004	16.86（2－65）	16.71（1－65）	20.62
2005	16.56（2－65）	16.4（1－65）	16.82
2006	16.43（2－65）	16.21（1－65）	16.4
2007	16.41（2－65）	16.28（1－65）	13.12
2008	16.37（2－65）	16.27（1－65）	10.68
2009	16.42（2－65）	16.27（1－65）	10.51
2010	16.38（2－65）	16.25（0.75－65）	12.3

资料来源：https：//tariffanalysis.wto.org/welcome.aspx？ReturnUrl＝%2f.

表 3-8　　中国主要农产品的关税变化一览　　单位：%

种类	2001 年	2002 年	2004 年	2012 年
冻牛肉	39	31.8	12	12
冻猪肉	20	16.8	12	12
冻禽肉	20	16	10	0
苹果	30	22	10	10
香蕉	25	19	10	10
柑橘	35	28.8	12	12
鲜葡萄	40	29.2	13	12
葡萄干	35	28	10	10
去壳腰果	27	23.3	10	10
去壳榛子	25	22	10	10
开心果	30	25	10	10
茶	27	24	15	15
烟草	34	28	10	10

资料来源：根据海关综合信息资讯网（www.china-customs.com）和《中国加入世界贸易组织法律文件》等资料整理而得。

表 3-9　　部分农产品配额（TRQ）内关税税率

种类	年份	TRQ 数量（万吨）	国营比重（%）	私营比重（%）	配额外关税（%）	配额内关税（%）
小麦	2002	8.47	90	10	71.00	1
	2003	9.05	90	10	68.00	1
	2004	9.64	90	10	65.00	1
	2005	9.64	90	10	65.00	1
玉米	2002	5.85	68	32	71.00	1
	2003	6.53	64	36	68.00	1
	2004	7.20	60	40	65.00	1

续表

种类	年份	TRQ 数量（万吨）	国营比重（%）	私营比重（%）	配额外关税（%）	配额内关税（%）
大米	2002	2.00	50	50	71.00	1
	2003	2.33	50	50	68.00	1
	2004	2.66	50	50	65.00	1
豆油	2002	2.52	34	66	52.40	9
	2003	2.82	26	74	41.60	9
	2004	3.12	18	82	30.70	9
	2005	3.59	10	90	19.90	9
菜籽油	2002	0.88	34	66	52.40	9
	2003	1.02	26	74	41.60	9
	2004	1.13	18	82	30.70	9
	2005	1.24	10	90	19.90	9

资料来源：根据 2003～2012 年国家发展和改革委相关文件整理而得。

中国是 WTO 成员中目前关税水平离散程度最低的国家之一，其农产品关税税率较集中。2004 年，在 685 个农产品税目中，有 69% 的商品关税率集中在 10%～39%，67% 的商品关税税率低于 20%。关税税率没有大于 100% 的，不存在关税高峰。而且，中国农产品平均关税 2005 年为 15.30%，实施关税税率与约束关税税率相同，没有关税水分（程国强、崔卫杰，2005）。中国是世界上农产品关税总水平较低的国家之一，中国入世减让表包含的农产品的算术平均关税，已远远低于世界农产品平均关税 62% 的水平，成为世界上关税壁垒较低的国家之一。中国不存在关税水分的问题，农产品关税约束税率与实施税率基本相同。任何幅度的关税减让都将对中国形成实质性削减，中国入世时承诺的粮食关税配额管理已经远远超出 WTO 的一般性要求。

由表 3－7、表 3－8、表 3－10 显示中国农产品的平均关税水平远低于世界农产品的平均关税水平（62%），中国使用高关税保护的农产品较少。中国农产品的平均关税水平基本上呈现正态分布，最高关税水平为41%，最低关税水平为5%，其他农产品的关税水平基本接近平均水平。即使是高关税保护的农产品，其实际保护程度也要远低于其名义税率。在中国农产品关税税率安排中，平均关税水平较高的均为实行关税配额的商品，包括：谷物、食糖，这里计算的是这些产品的配额外关税，配额内的关税要低得多，例如，硬粒小麦的配额内关税为1%，配额外关税为65%。因此这些商品的实际保护作用要低于名义税率。

表3-10　2000~2012年中国关税水平变化一览和入世承诺　单位：%

年份	入世承诺			关税变化		
	关税总水平	工业品平均	农产品平均	关税总水平	工业品平均	农产品平均
2000	15.60	14.70	21.30			
2001	14.00	13.00	19.90	15.30	14.80	23.20
2002	12.70	11.70	18.50	12.00	11.40	18.10
2003	11.50	10.60	17.40	11.00	10.30	16.80
2004	10.60	9.80	15.80	10.40	9.50	15.60
2005	10.10	9.30	15.50	9.90	9.00	15.30
2006	10.10	9.30	15.50	9.80	9.00	15.20
2007	10.10	9.30	15.50	9.80	8.95	15.20
2008	10.00	9.20	15.10	9.80	8.90	15.20
2009				9.80	8.90	15.20
2010				9.80	8.90	15.20
2011				9.80	8.90	15.20
2012				9.80	8.90	15.10

资料来源：中国统计年鉴（2003~2012年历年版）。

2. 非关税政策

非关税措施较关税措施具有更大的隐蔽性、歧视性和被滥用的可能性，是各国为了保护本国农业和重要农产品所普遍实施的措施。WTO 要求成员要逐步取消非关税措施，并且规定各成员不得维持、采取或重新使用已被要求转换为普通关税的任何措施。在加入 WTO 之前，中国所采用的非关税措施主要是进口数量限制，该措施对于限制农产品进口起到了极大作用。加入 WTO 后，中国非关税措施发生了比较明显的变化。

(1) 国营贸易企业的出口垄断地位逐步被削弱

国营贸易制度的产生与世贸组织主张的贸易自由化宗旨相违背，对于特定的商品只有国营贸易企业才具有合法的进出口贸易权，这其实是国家对这些企业的贸易活动进行间接控制。加入 WTO 后中国对小麦、玉米、豆油、食糖、棉花等特定商品实行国营贸易管理（如表 3－11 所示）。同时，也逐步开放贸易经营权，不断缩小国营贸易的比例，并在 2005 年取消了羊毛和毛条的进口指定贸易制度。中国承诺在指定国营贸易企业进口的同时，非国营企业也可以直接参与到关税配额的分配中去，并要保证一定的分配比例，而且比例还将不断提高。虽然中国国营贸易体制有所松动，打破了国营贸易进口企业对许多产品的出口垄断地位，但是国营贸易企业仍拥有国家控制的“战略性”农产品的进出口权，而且在化肥、小麦、玉米、水稻、食糖、棉花、烟草和植物油进口中，国营贸易仍占有较大比例。加入 WTO 后，中国农产品的国营贸易比例逐渐缩小，棉花的国营贸易比例降至 33%，植物油国营贸易比例降至 18%，但是玉米、大米等粮食的国营贸易比例仍然保持在 50% 以上。

表 3 - 11　　国营贸易进口所占份额　　单位：%

种类	2002 年	2003 年	2004 年	2005 ~ 2010 年	2013 年
小麦	90	90	90	90	90
玉米	68	64	60	60	60
大米	50	50	50	50	50
棉花	33	33	33	33	33
食糖	70	70	70	70	70

国家发展和改革委和商务部 2013 年发布《农产品进口关税配额管理暂行办法》，公布 2013 年粮食、棉花进口关税配额数量、申请条件和分配原则。与 2012 年相比，2013 年的配额数量并无变化，2013 年进口关税配额数量为小麦 963. 6 万吨，国营贸易比例 90%；玉米 720 万吨，国营贸易比例 60%；大米 532 万吨（其中：长粒米 266 万吨，中短粒米 266 万吨），国营贸易比例 50%；棉花 89. 4 万吨，国营贸易比例 33%；食糖进口关税配额总量为 194. 5 万吨，其中 70% 为国营贸易配额。

（2）对重要农产品取消进口数量限制，实施关税配额管理

在关税配额方面，中国建立了公平、公正、可预见和非歧视的农产品进口关税配额管理制度，对粮棉油糖等 10 种大宗农产品进行关税配额管理，配额以内的农产品进口适用 1% ~15% 的低税率，在规定配额外的农产品进口适用高税率，并逐步向单一关税化转变。1996 年以前，中国的进口数量由国家计划委员会（现为国家发展和改革委）进行分配。加入 WTO 后，中国实行进口关税配额管理的农产品品种为：小麦、玉米、大米、豆油、菜籽油、棕榈油、食糖、棉花、羊毛以及毛条。入世之后，中国兑现了加入 WTO 谈判时的承诺，逐步增加了市场准入量，配额量逐年增加。表 3 - 12 列出了中国一些重

要农产品的配额以及配额实际使用情况。可以看出，不同产品的配额使用情况差异悬殊：粮食进口量远低于配额量，其中玉米配额使用量为0，大米配额内进口量增加，但距离配额还有一定差距；棉花进口量急剧增加，配额对棉花进口的约束已经形同虚设。这表明，加入WTO后，关税配额对农产品中的棉、油保护程度已经大幅降低，在农产品进口配额方面，逐步扩大部分大宗农产品的市场准入量，从小麦、玉米、大米等农产品配额的变化情况，可以看到大部分配额量指标都有明显的增加。

表3-12　2002~2011年主要农产品进口配额及其使用率　单位：万吨，%

年份	项目名称	小麦	玉米	大米	棉花	食糖
2002	进口量	60.50	0.60	23.60	20.80	118.30
	TRQ	846.80	585.00	399.00	81.90	176.40
	TRQ使用率	7.10	0.10	5.90	25.40	67.10
2003	进口量	42.40	0.01	25.70	95.40	77.50
	TRQ	905.20	652.50	465.50	85.60	185.20
	TRQ使用率	4.70	0	5.50	111.50	41.90
2004	进口量	725.80	0.20	76.60	198.40	121.40
	TRQ	963.60	720.00	532.00	89.40	194.50
	TRQ使用率	75.30	0	14.40	221.90	62.40
2005	进口量	354.00	221.00	52.00	257.00	139.00
	TRQ	963.60	720.00	532.00	89.40	194.50
	TRQ使用率	36.70	30.70	9.80	287.50	71.50
2006	进口量	61.00	7.00	73.00	364.00	135.00
	TRQ	963.60	720.00	532.00	89.40	194.50
	TRQ使用率	6.33	0.97	13.72	407.16	69.41

续表

年份	项目名称	小麦	玉米	大米	棉花	食糖
2007	进口量	10.00	4.00	49.00	246.00	119.00
	TRQ	963.60	720.00	532.00	89.40	194.50
	TRQ 使用率	1.04	0.56	9.21	275.17	61.18
2008	进口量	4.00	5.00	33.00	211.00	78.00
	TRQ	963.60	720.00	532.00	89.40	194.50
	TRQ 使用率	0.42	0.69	6.20	236.02	40.10
2009	进口量	89.40	8.36	33.75	159.80	106.40
	TRQ	963.60	720.00	532.00	89.40	194.50
	TRQ 使用率	9.28	1.16	6.34	178.75	54.70
2010	进口量	69.48	0.24	14.64	152.20	22.20
	TRQ	963.60	720.00	532.00	89.40	194.50
	TRQ 使用率	7.21	0.03	2.75	170.25	71.80
2011	进口量	125.90	175.00	57.50	337.00	250.00
	TRQ	963.60	720.00	532.00	89.40	194.50
	TRQ 使用率	13.00	24.00	11.00	100.00	100.00

资料来源：历年《中国统计年鉴》。

（3）增值税保护

1994 年 1 月，中国开始征收增值税（VAT）。尽管进口农产品和国内农产品的名义增值税率相同（均为 13%），但因为其计算方法不同，为中国农业部门提供了额外的保护。对于进口农产品的增值税按商品结关价计算，结关价包括商品的到岸价格加关税和消费税。而国内农产品的增值税根据每个销售环节的购销差价计算，而且对农产品的初始销售阶段不征收产品增值税。也就是说，农民在市场上出售自己的农产品，商贩从农民家中或当地集市上购买粮食都能免纳增值税。当粮食到达下一步的批发环节时，将征收增值税，但税基是商贩购买价和出售价的差额。实际上，农产品增值税的税额为购销差价的13%。一项调查表明，中国农产品购销差价一般在1%～10%之间，以平均5%计算，国内农产品的实际税率是进口农产品增值税率的5%。2002～2011年农产品出口退税调整一览中列出了农产品和国内相同农产品的实际增值税（如表3－13所示），从中可以发现，这些农产品生产者获得了较大的税收保护（Huang Jikun，2002）。

（4）出口补贴

在加入WTO前，中国对水稻、玉米和棉花实行过出口补贴。这些补贴在20世纪90年代后期使用，是为了缓解国内大量供给剩余而导致价格下降的压力。中国粮油食品进出口总公司的出口补贴由中央财政支付，各个省属进出口公司的出口补贴则由所在省财政支付。入世时中国承诺不再对粮食出口进行价格补贴。以玉米为例，由于1996年以来，中国玉米出现了长达8年的供过于求，库存积压严重，国家曾采取了价格补贴政策支持玉米出口，对于玉米出口的价格差主要是靠国家政策补贴。这种政策保护了国内玉米的高价格。根据黄（Huang，2002）的实地调查，东北地区的玉米出口商得到的补贴平均为出口价格的45%。刘笑然、刘晓蕾（2005）认为，2001年玉米出口补贴最高达到408元/吨。该项政策的实施具有双重作用，既补贴了出口企业，又维护了国内生产者较高的销售价格。入世后中国取消了玉米的出口补贴，对所有农产品进口均不再给予出口补贴，包括发展中国家可以享受的对出口产品加工、仓储、运输补贴，并承诺将国内支持中的“黄箱补贴”上限控制在8.5%，低于其他发展中国家，但是仍有一些农产品主要出口国还在不同程度地给予出口补贴。2006年12月7日，在中国香港举行的世贸组织第六次部长级会议上各成员达成一致，通过了《香港宣言》。在关键的农产品问题上，一向态度强硬的欧盟最终与其他成员达成共识，同意在2013年底前取消对所有农产品的出口补贴，这使得中国农产品处于公平的竞争地位。

（5）动植物检验检疫和技术性贸易壁垒

中国根据实施动植物卫生检疫措施的协议（SPS）和TBT标准，限制了一些产品的进口。例如，2002年中国禁止从美国进口大豆，因为它们是转基因的。禁令实行了3个月，在完成了产品安全评价后，中国发布了进口暂行条例。国家于2001年6月6日颁布《农业转基因生物安全管理条例》；同年又颁布实施了《出入境粮食和饲料检验检疫管理办法》；2002年又推出了三个相应的管理办法，即《农业转基因生物评价管理办法》《农业转基因生物标识管理办法》《农业转基因生物进口安全管理办法》；同年，农业部发布公告，针对《农业转基因生物安全管理条例》采取临时措施。根据该办法，"向中国出口转基因生物的境外公司可在申请安全证书的基础上，持本国或第三国有关机构出具的安全评价有效文件，向农业部农业转基因生物安全管理办公室申请'临时证明'，对审查合格者，农业部将在30天内发给'临时证明'，进口商可持境外公司已取得的'临时证明'办理报检手续。"

（6）出口退税政策

2002年起，中国对出口包括玉米在内的大米、小麦等粮食和棉花免征13%的增值税（如表3－13所示）。对适用增值税零税率的大米、小麦、玉米和棉花的商品范围及税则号予以明确，出口上述适用于零税率的货物，在出口时免征销项税。同时，自2002年1月1日起调整了豆粕出口增值税退税税率，新的退税率从原先的5%提高至13%，即对豆粕出口给予100%退税优惠。此外，从2004年1月1日起，调高农业产品出口退税率：小麦粉、玉米粉、分割鸭、分割兔等列明的食用粉类和7种分割肉类货物，出口退税率由5%调高到13%。免征出口增值税和出口退税率的提高，增强了农产品的出口竞争力。一项估计表明，包括出口退税和玉米出口商享有无偿使用铁路运输玉米的特权，仅这两项政府为玉米出口提供的财政支持措施，合计达到每吨减少40美元左右的费用，约合人民币每吨330元（1美元=8.28人民币），相当于中国加入世贸组织之前曾经取消的直接出口补贴。

表3-13　2002~2011年中国农产品出口退税调整一览

次数	文件	关于农产品调整的内容	背景和目的
第一次	关于出口大米、小麦、玉米增值税实行零税率的通知	2002年1月1日起，对出口的大米、小麦、玉米增值税实行零税率，并按照出口企业成本核算办法确定的出口货物购进价格13%的退税率计算应退税额	改善国内供给，缓解国内农产品价格上涨的压力
第二次	调整出口货物退税率的通知	2004年1月1日起，农产品及其相关产品出口退税率的调整分为三类：原有退税率为5%和13%的农产品，及原有退税率为13%的以农产品为原材料加工生产的工业品，维持原有的出口退税率不变；食用分类和分割肉类的出口退税率由5%调高到13%；对山羊绒、原木等资源性农产品取消出口退税政策	完善机制，共同负担，推进改革，促进发展
第三次	关于调整部分商品出口退税率和增补加工贸易禁止类商品目录的通知	2006年9月15日调整部分出口商品的出口退税率，部分以农产品为原料的加工品，出口退税率分别由5%和11%提高到13%	实施宏观调控政策，促进外贸转变增长方式，降低进出口贸易顺差的压力

续表

次数	文件	关于农产品调整的内容	背景和目的
第四次	关于调低部分商品出口退税率的通知	2007 年 7 月 1 日起，取消以下商品的出口退税：濒危动物、植物及其制品，皮革；调低下列商品的出口退税率：植物油出口退税率下调至 5%；下列商品改为出口免税：花生果仁等	抑制外贸出口过快增长，缓解外贸顺差过大
第五次	关于取消小麦等原粮及其制粉出口退税的通知	2007 年 12 月 20 日开始，小麦、稻谷、大米、玉米、大豆等原粮及其制粉的出口退税将被全部取消。在此次财政部给出的取消出口退税商品的清单中，共涉及 84 类农产品	抑制退货膨胀
第六次	关于提高劳动密集型产品等商品增值税出口退税率的通知	2008 年 11 月 1 日起，将部分水产品的增值税出口退税率从 5% 提高到 13%	缓解金融危机
第七次	关于进一步提高部分商品出口退税率的通知	自 2009 年 6 月 1 日起，提高部分深加工农产品、药品等产品的出口退税率，将罐头、果汁等深加工产品由 13% 提高到 15%，将玉米淀粉、酒精由 0% 提高到 5%	改变对外贸易大幅下滑局面
第八次	关于取消部分商品出口退税的通知	自 2010 年 7 月 15 日起取消下列商品的出口退税：酒精、玉米淀粉、部分农药、橡胶及制品	改善农产品出口的内外部环境
第九次	关于免征蔬菜流通环节增值税有关问题的通知	自 2012 年 1 月 1 日起，免征蔬菜流通环节增值税，对从事蔬菜批发、零售的纳税人销售的蔬菜免征增值税。这就意味着从 2012 年 1 月 1 日起，内销蔬菜成为免税商品，外销出口的蔬菜征税和退税率也相应为零	降低流通成本，保障鲜活农产品市场供应和价格稳定

资料来源：根据国家税务局网站相关公告文件资料整理得出。

二、中国农业生产与贸易发展现状

（一）中国农业生产状况

中国是传统农业大国，地大物博，但庞大的人口抵消了中国的资源优势（如表3－14、表3－15所示）。一方面，中国人均耕地仅有1.2亩，不足世界平均水平的1/3，人均水资源则仅有世界平均水平的1/4，这些严重制约着中国农业的进一步发展。另一方面，自中华人民共和国成立以来，中国经济建设的宏观政策一直向工业建设倾斜，是以“剥夺农业”的政策为国家工业化提供了巨额积累。以牺牲部分农业来支持工业的快速发展，结果形成了对农业生产者的补贴一直呈现负值的状况，至20世纪90年代初仍为－20%左右。20世纪80年代每年从农业部门净转出资源平均达1400亿元，比同期政府对农业的财政支出大约多10倍，结果导致目前中国农业生产的基础较为薄弱，主要体现在农业生产规模小、效率低、经营分散、现代化生产能力低，粮食生产还远未达到机械化和集约化经营的程度，因而其农业抗衡自然灾害的能力较差。同时，农产品生产成本也在逐年上升。20世纪90年代以前，中国粮食和棉花的国内平均价格水平低于国际市场水平，有较强的价格竞争优势。但近20年来，中国粮食生产成本每年平均以10%的速度递增，粮价亦随之逐步上涨。目前，中国的小麦、玉米、大米等大宗农产品的国内价格已高出国际市场约20%～70%，在国际市场上中国农业的比较优势格局堪忧。

表 3－14　　**2002～2011 年中国主要农产品产量**　　单位：万吨

品种＼年份	2002	2003	2004	2005	2006	2007	2008	2009	2010	2011
粮食	45705. 80	43069. 50	46946. 90	48402. 20	49804. 20	50160. 30	52870. 90	53082. 10	54647. 70	57120. 80
谷物	39798. 70	37428. 70	41157. 20	42776. 00	45099. 20	45632. 40	47847. 40	48156. 30	49637. 10	51939. 40
稻谷	17453. 90	16065. 60	17908. 80	18058. 80	18171. 80	18603. 40	19189. 60	19510. 30	19576. 10	20100. 10
小麦	9029. 00	8648. 80	9195. 20	9744. 50	10846. 60	10929. 80	11246. 40	11511. 50	11518. 10	11740. 10
玉米	12130. 80	11583. 00	13028. 70	13936. 50	15160. 30	152300. 00	16591. 40	16397. 40	17724. 50	19278. 10
豆类	2241. 20	2127. 50	2232. 10	2157. 70	2003. 70	1720. 10	2043. 30	1930. 30	1896. 50	1908. 40
薯类	3665. 90	3513. 30	3557. 70	3468. 50	2701. 03	2807. 80	2980. 20	2995. 50	3114. 10	3273. 00
油料	2897. 20	2811. 00	3065. 90	3077. 10	2640. 30	2568. 70	2952. 80	3154. 30	3230. 10	3306. 80
花生	1481. 80	1342. 00	1434. 20	1434. 20	1288. 70	1302. 70	1428. 60	1470. 80	1564. 40	1604. 60
油菜籽	1055. 20	1142. 00	1318. 20	1305. 20	1096. 60	1057. 30	1210. 20	1365. 70	1308. 20	1342. 60
棉花	491. 60	486. 00	632. 40	571. 40	753. 30	762. 40	749. 20	637. 70	596. 10	658. 90
甘蔗	9010. 70	9023. 50	8984. 90	8663. 80	9709. 20	11295. 10	12415. 20	11558. 70	11078. 90	11443. 40
水果	6952. 00	14517. 40	15340. 90	16120. 10	17102. 00	18136. 30	19220. 20	20395. 50	21401. 40	22768. 20
水产品	3954. 90	4077. 00	4246. 60	4419. 90	4583. 60	4747. 50	4895. 60	5116. 40	5373. 00	5603. 20
肉类	6234. 30	6444. 30	6608. 70	6938. 90	7089. 00	6865. 70	7278. 70	7649. 70	7925. 80	7957. 80

资料来源：《中国统计年鉴》（2002～2011 年历年版）。

表 3－15　　中国主要农产品产量所居世界的位次

品种＼年份	1978	1980	1985	1990	2000	2004	2008	2010	2011
肉类	3	3	2	1	1	1	1	1	1
谷物	2	1	2	1	1	1	1	1	1
豆类	3	3	3	3	4	4	4	4	4
花生	2	2	2	2	1	1	1	1	1
油菜籽	2	2	1	1	1	1	2	1	1
棉花	3	2	1	1	1	1	1	1	1
甘蔗	7	9	4	4	3	3	3	3	3
水果	9	10	8	4	1	1	1	1	1

资料来源：《中国统计年鉴》（2002～2011 年历年版）。

（二）中国农产品贸易状况

入世以来，中国农产品在 2000 年的进出口总额达 268.20 亿美元（如表 3－16 所示），与 1999 年同比增长了 24.00%，其中农产品出口额达 156.20 亿美元，与 1999 年同比增长了 16.00%；农产品进口额 112.00 亿美元，与 1999 年同比增长 37.30%，农产品进出口贸易实现顺差 44.20 亿美元。2010 年中国农产品进出口总额 1208.00 亿美元，与 2009 年相比增长了 32.20%，其中农产品出口额达 488.80 亿美元，与 2009 年同比增长 24.70%；农产品进口额 719.20 亿美元，与 2009 年同比增长 37.90%，农产品进出口贸易实现逆差 230.40 亿美元。很显然，中国入世十多年（2001～2011 年）的农产品进出口贸易发生了较大变化。中国农产品进口市场也相对集中，2011 年美国是中国最大的农产品供应国，其次是巴西和东盟。2011 年进口农产品主要来自北美洲、南美洲和亚洲，占总进口额的 77.60%。长期以来亚洲和美洲是中国农产品进口的主要来源，其次为南美洲，所占比重总体呈上升趋势，欧洲和大洋洲市场份额均有所下降。

表 3-16　　2000～2011 年中国农产品进出口贸易额及其增长

年份		2000	2001	2002	2003	2004	2005	2006	2007	2008	2009	2010	2011
数额（亿美元）	进出口	268.20	279.00	305.80	403.60	514.20	558.30	630.20	775.70	985.50	913.80	1208.00	1556.20
	出口	156.20	160.70	214.30	214.30	233.90	271.80	310.30	366.00	402.20	392.10	488.80	607.50
	进口	112.00	118.30	189.30	189.30	280.30	286.50	319.90	409.70	583.30	521.70	719.20	948.70
增长率（%）	进出口	24.00	4.10	9.60	32.00	27.40	8.60	12.90	23.10	27.80	-7.30	32.20	27.60
	出口	16.00	2.90	12.90	18.10	9.10	16.20	14.20	17.90	10.60	-2.50	24.70	23.00
	进口	37.30	5.60	5.20	52.20	48.10	2.20	11.70	28.10	43.10	-10.60	37.90	30.80

资料来源：联合国 UNcomtrade 贸易数据库 http：//comtrade. un. org。

国际贸易和国内市场政策的变化导致了中国贸易格局的巨大变化。从农产品分种类的贸易趋势可以清楚地看出，出口和进口越来越朝着与中国自身的比较优势相一致的方向发展。具体讲，土地密集型的大宗商品，如粮食、油料和糖料作物的净出口减少了；更高价值的、劳动密集型的产品，如园艺、畜产品和水产品的出口增加了。20世纪90年代，粮食出口在全部农产品出口中所占的比重在20%左右，还不到20世纪80年代初期的50%。到20世纪90年代末，园艺产品、畜产品和水产品的出口占全部农产品出口的比例已达80%左右（黄季焜等，1999）。

2000年中国农产品进出口贸易额从268.20亿美元上升到2011年的1556.20亿美元，除了2009年农产品贸易增长因受到2008年美国次贷危机的影响而有所下跌外，其余年份均是处于正增长状态。目前，中国已是世界农产品主要生产国和消费国，2010年中国农产品贸易额位居世界第三位，成为名副其实的农业生产大国和农产品贸易大国。尽管农产品进出口贸易都实现了增长，但是由于进口增速快于出口，因此农产品贸易由顺差变为逆差，中国成为农产品净进口大国。从2004年起，中国农产品贸易逆差进一步扩大，从2004年的46.40亿美元上升到2011年的341.20亿美元。从进口的主要农产品来看，大豆、食用植物油、棉花大量进口是造成农产品贸易逆差扩大的主要原因。其中，大豆进口5479.60万吨，占全球大豆贸易量的58%，进口额250.70亿美元；食用植物油进口量922.30万吨，进口额82.30亿美元；棉花进口量283.70万吨，进口额56.60亿美元。

人多地少是中国的基本国情，因此劳动密集型产品具有比较优势，而土地密集型产品则不具备比较优势。根据比较优势理论，市场开放后各国将按照产品的比较优势进行国际贸易，出口具有比较优势的产品，进口不具备比较优势的产品。中国入世后，农产品贸易的产品结构变化证实了这一规律（如表 3 – 17 所示）。

表 3 – 17　　　　中国农产品贸易的产品结构变化　　　　单位：万吨

农产品 \ 年份 \ 贸易方式	出口量			进口量		
	2002 年	2006 年	2010 年	2002 年	2006 年	2010 年
谷物	1484	610	124	285	360	571
蔬菜	467	734	845	10	12	15
畜产品	239	251	192	257	299	456
水产品	227	363	334	264	378	383
水果	200	371	507	101	137	275
油菜籽	127	127	93	1196	2935	5705
食糖	45	61	116	151	161	256
花卉	35	40	60	17	20	27
植物油	12	42	11	344	732	922
薯类	1	2	3	176	495	577
棉花	18	3	3	45	446	381

资料来源：《中国统计年鉴》（2002 ~ 2011 年历年版）。

为了剔除产品价格的影响，以贸易数量来显示产品结构的变化。表 3 – 17 显示出口方面，2002 年谷物是中国出口数量最大的农产品，达到 1484 万吨，显著超过其他类别农产品的出口规模，蔬菜出口量 467 万吨，位居第二位；中国入世后，谷物出口量不断减少，蔬菜出口量则明显增加，到 2010 年，谷物出口量仅为 124 万吨，而蔬菜出口量增加到 845 万吨，成为出口量最大的农产品。此外，油菜籽、棉花等大田作物的出口明显下降，而水果、花卉等农产品的出口则显著增长。进口方面，入世前后，油菜籽是进口量最大的农产品，并且进口规模不断扩大，2002 ~ 2010 年进口量从 1196 万吨增加到 5705 万吨，增加3.77倍；植物油、薯类、谷物进口规模依次排后，这期间其进口量都增加1倍以上。棉花的进口量居中间位置，但是增长幅度最大，2002年不足100万吨，2005年的进口量则扩大到300万吨左右。2004年以来，中国农产品贸易连续处于逆差地位，其中2004年逆差为46.40亿美元，2005年为14.70亿美元，2006年为9.60亿美元，其中大豆、棉花、食用植物油、大麦等是产生贸易逆差的主要产品。总体而言，入世后开放度较大的大宗农产品如大豆、棉花、食用油以及食糖的进口均呈快速、稳定增长态势，这一现象可以从农产品需求和市场准入制度的变化两方面加以解释。相关产业发展导致农产品进口需求猛增，从而引起农产品贸易逆差扩大，同时受到农产品市场准入制度的影响，低关税水平为农产品大量进口创造了前提条件，配额内农产品进口关税很低，配额的增长加上配额利用率的提高，为农产品的大量进口提供了必要条件。

三、本章小结

首先，本章从总体上系统回顾了中国农业政策调整的状况，分别阐述了农业国内政策和农业边境贸易政策的调整；其次，分析了中国入世以来的农业发展和农产品贸易的相关状况，为后文的系统论述农业政策调整的效果奠定了数据和现状基础。从主要农产品的生产贸易趋势看，粮食、油料和糖料作物等土地密集型的大宗商品的净出口减少了，而更高价值的劳动密集型的产品，如园艺、畜产品和水产品的出口增加了，可见中国农业出口和进口越来越朝着与中国自身的比较优势相一致的方向发展，中国农业政策调整导致了中国生产和贸易格局的巨大变化。

那么入世至今，中国农业政策调整所带来的农业比较优势是否发生变动，中国农业从农产品生产与贸易中是否获得收益，中国农业政策中的边境贸易政策措施和国内政策措施变动的影响各自有多大？这些问题将在下一章中进行分析。因此，下一章将对中国农业政策调整和比较优势变动进行实证分析，衡量农业政策调整的引致效果，总结分析农业政策体系存在的主要问题，这对于今后中国农业政策调整和改革是很有必要的。

第四章

中国农业政策调整的现实基础研究

一、引言

中国的农民总数约占世界农业人口的40%，但仅拥有世界耕地面积的9%，中国农业资源禀赋的现状是人多地少，土地资源相对稀缺，劳动力资源相对丰裕。按照经典的赫克歇尔—俄林理论（H－O理论），中国的土地密集型农产品不具有比较优势，劳动密集型农产品应比土地密集型农产品更具有比较优势。考虑到中国改革开放以来的经济发展和国际经济环境，入世后的中国农业政策、措施，不可能简单模仿他国的现有做法。入世后，开放的经济环境使中国农业步入了艰难发展期，尽管并未出现入世之初预测的种种悲观结果，但入世给中国农业带来的影响确实存在，而且正在逐步凸显。2004年以来中国农产品贸易持续保持逆差状态，通过调整和完善农业政策措施以提升农业的国际竞争力迫在眉睫。发达国家的农业发展经验告诉我们，发展农业、创造和增强一国农产品的比较优势，一靠政策，二靠科技，三靠投入。政策是影响农业发展的重要因素，发达国家对农业的重视是通过发挥政策性手段促使比较优势的提升来实现的。因此，为了科学评价、判断中国农业比较优势及其动态变化，为制定合理的农业政策提供依据，有必要系统研究中国农业比较优势。本章将在第三章基础上对中国农业比较优势进行系统实证分析，论证我国农业政策调整的必要性和紧迫性，而比较优势测度结果又有助于基于国情正确地选择农业政策措施的目标和具体手段。

二、研究框架与方法

（一）国内外农业比较优势方法对比

国内外有关中国农业比较优势的研究（Bowen，1989；Beghin，2001；OECD，2005；程国强等，1999；钟甫宁，2001；徐志刚，2001；蓝庆新，2004；李岳云，2005；郭天宝等，2012；张琳等，2012；万金，2012；等等）主要集中在如何测算和发挥中国比较优势，分析了中国特定农产品的比较优势及中国农业政策调整是否与其资源禀赋相符。国外测算比较优势可分为两种方法：一种假定存在自由贸易，直接验证两国之间比较成本与贸易方向及数量的关系（Balassa，1965），进而发展出显示性比较优势测度方法（RCA），从结果（进出口的数量和方向）倒推生产领域的比较优势；另一种考虑了国际贸易特别是农产品贸易中普遍存在种种关税和非关税壁垒，利用国内资源成本（DRC）概念，通过对生产成本的比较来测定某种产品的比较优势（Bruno，1967；Pearson，1973），进而推算实现自由贸易后农产品进出口的数量和方向变化（Alpine，1993；Fang，1999；等等）。国内部分学者（牛宝俊等，1996；厉为民，1999；胡星，2001；帅传敏，2003；万金等，2012；等等）使用的显示比较优势指数按照不同的农产品分类方法研究了中国主要农产品的比较优势，并对比较优势进行了国际比较，结果显示中国农业的国际竞争力下降趋势。也有学者开始应用国内资源成本系数（DRCC）研究农业生产的比较优势（徐志刚等，2000；钟甫宁，2003；等等），提出减少比较劣势农产品的生产，将生产资源转移到具有比较优势的农产品生产上的政策建议（程国强等，1999；李岳云，2005；赵一夫等，2005；等等）。

目前，研究比较优势通常采用两类方法：一种是分析资源禀赋，以此确定不同国家或地区的比较优势部门或产品，如 DRCC、有效保护（EPR）等；另一种是通过贸易流量和贸易结构来反映国家或地区比较利益的格局及其变化，如显示比较优势系数（RCA）。总体来看，某产业的比较优势竞争力最终总要表现在产品的贸易绩效上，因此对贸易绩效的直接观察能够“显示”出产业竞争力的程度。但由于 RCA 系数基于贸易数据得出，而贸易数据又是多因素（包括成本因素和非成本因素）影响下的一种贸易表现，因此与其说 RCA 系数“显示”的是比较优势，还不如说是一国在某商品生产出口上的综合竞争力的体现。现实政府对生产贸易实施不同程度的保护政策，可能抵消两国间的比较成本差异，因此出口业绩并不能反映产品生产贸易上的真实比较优势，将扭曲比较优势指数，影响结果的真实性。而国内资源成本系数比则是从生产角度考察一国产品的优势劣势情况，兼用生产成本数据和贸易数据，可在一定程度上弥补显示性贸易优势指数的不足。理论上显示性比较优势假定现实中存在自由贸易，甚至存在完全竞争，因而可以从结果判断比较优势；而国内资源成本系数实际上认为不存在理想的自由贸易或完全竞争，因而不能从结果判断比较优势，必须从生产成本的比较中测定比较优势，同时也可以测定扭曲程度（与实际贸易结果，或显示测定性比较优势的指标相比较）。为了深入研究入世十多年农业贸易政策调整背景下的农业比较优势和竞争力，调整制定适合中国国情的农业贸易政策，调整和优化农产品的生产和贸易结构，本书将选用显示性贸易优势指数、国内资源成本系数比、有效保护率分别从进出口绩效和生产成本等方面结合起来进行事后与事前比较，建立科学全面的比较优势评价体系，分析农业贸易政策调整影响下的中国农业比较优势及竞争力。

（二）农业显示比较优势系数测度方法

显示性比较优势系数是指一国某种商品出口占其出口总值的份额与世界该种产品出口占世界出口总值的份额的比例（Balassa，1965），现已成为衡量一国在国际贸易中比较优势地位的一种常用方法，计算公式为（4－1）：

$$RCA_{ict} = \frac{\dfrac{x_{ict}}{\sum_i x_{ict}}}{\dfrac{x_{iwt}}{\sum_i x_{iwt}}} \tag{4-1}$$

其中：x_{ict}表示中国（c）农产品（i）在t时期的出口额，x_{iwt}表示世界（w）农产品（i）在t时期的出口额。当RCA指数大于2.5时，表示农产品具有极强的出口竞争力；介于1.25和2.25之间时表示具有较强的竞争力；介于0.8和1.25之间时表示具有中等竞争力；小于0.8则表示竞争力较弱，没有显示比较优势。

（三）农业国内资源成本系数比测定方法

国内资源成本旨在计算国内资源参与生产活动，每一边际单位资源投入可以获取或节省多少单位外汇，可用于对国内生产的国际间利益比较。国内现有研究通常直接使用国内资源成本系数，即按照边境价格计算该产品生产所耗用的国内资源的绝对值。而钟甫宁（2003）则认为现有方法实际上测定的是该产品在国际市场上的绝对优势，需要按照经典的李嘉图比较优势模型建立相对比较优势分析框架，应当以DRCC为基础计算国内资源成本系数比，其计算公式为（4－2）：

$$RDRCC_{ij} = \frac{DRCC_{ci}}{DRCC_{cj}} \quad (4-2)$$

该方法避免了直接使用国内资源成本系数衡量相对比较优势的局限性，用 $DRCC_j$ 作为基准，测定所有其他产品的 RDRCC，将其数值从小到大排序，数值越小比较优势越大，此时数值大小绝对值已无意义。公式（4－2）中的国内资源成本系数由公式（4－3）得到：

$$DRCC = \left(\frac{\sum_{s=1}^{m} F_{sj}V_s - E_j}{U_j - M_j - R_j}\right) \times \left(\frac{1}{V}\right) \quad (4-3)$$

其中：U_j 表示农产品 j 生产活动产值，以边界价格计算（以外币计算）；M_j 表示农产品 j 生产活动所有可进口性中间投入，以到岸价格计算（以外币计算）；R_j 表示农产品 j 生产活动中所有国外直接拥有生产要素的机会成本（以外币计算）；F_s 表示农产品 j 生产活动所需第 s 种生产要素之数量；V_s 表示第 s 种生产要素之机会成本（以本币计算）；E_j 表示农产品 j 外部效果；V 为影子汇率，以一单位外汇所代表的本国货币表示。

（四）农业潜在竞争力测定方法

中国农业由于关税等贸易政策组合调整、国内生产保护政策变动等因素影响，农业可能具有不同于其现有竞争态势的潜在竞争力或变动趋势。现有研究中衡量潜在竞争力或竞争力变动趋势的指标有：有效保护率、比较价格指数、比较优势变差指数等。本书选用有效保护率指标的原因在于贸易保护政策会对中国农业真实的竞争力水平造成扭曲，而有效保护率指标在贸易保护的作用下，用产品生产的附加值比贸易自由化条件下所产生的附加值增加的百分比来表示，可以反映处于贸易政策保护下的某产品的竞争地位在自由贸易条件下的潜在变化趋势，不仅可测度中国农业受保护的实际程度，也能反映市场扭曲或障碍的严重程度。其计算公式为（4－4）：

$$ERP = \frac{\text{实际生产的附加值}}{\text{无保护时的附加值}} - 1$$

$$= \frac{\text{以实际价格计算的产出} - \text{以实际价格计算的投入}}{\text{以影子价格计算的产出} - \text{按机会成本计算的投入}} - 1 \quad (4-4)$$

如果 $ERP>0$，说明产品生产受到正保护，潜在竞争力低于现有竞争力水平；如果 $ERP<0$ 则说明产品受到负保护，具有高于目前竞争力水平的潜在竞争力。

三、结果及解释

（一）中国农业显示比较优势系数

本书利用显性比较优势指标（RCA）来确定中国主要农产品的国际竞争力，该指标能够剔除国家总量波动和世界总量波动的影响，较好地反映了中国农产品的相对优势。利用公式（4－1），计算得出的结果如表4－1所示：

表4－1　1995～2011年中国农产品显示性比较优势指数（RCA）

品种	年份	1995～1997	1998～2000	2001	2002～2003	2004～2005	2006～2007	2008～2009	2010～2011
土地密集	小麦	0.01	0.01	0.07	0.19	0.06	0.09	0.08	0.06
	稻谷	0.15	0.82	1.32	1.54	1.02	0.54	0.54	0.38
	大豆	0.18	0.15	0.17	0.12	0.15	0.10	0.11	0.06
	食糖	0.51	0.31	0.31	0.26	0.21	0.26	0.29	0.26
	植物油	0.32	0.11	0.19	0.09	0.10	0.14	0.14	0.16
	玉米	1.17	1.26	2.62	3.37	1.76	1.24	1.42	1.69
	棉花	0.15	0.52	0.59	0.48	0.03	0.01	0.01	0.01

续表

品种	年份	1995～1997	1998～2000	2001	2002～2003	2004～2005	2006～2007	2008～2009	2010～2011
劳动密集	蔬菜	0.77	0.96	1.05	1.35	1.72	1.87	2.30	2.65
	水果	1.11	1.29	1.23	1.36	1.68	1.32	1.76	2.27
	肉类	1.86	0.84	1.25	1.37	1.23	1.88	1.74	1.31
	水产品	1.15	1.94	2.23	3.08	3.20	3.00	2.66	2.91
总体		0.67	0.75	1.00	1.20	1.01	0.95	1.00	1.07

资料来源：依据联合国贸易数据库、《中国统计年鉴》等资料计算而得。其中每列数据为入世前1995～1997年、1998～2000年的三年平均值，入世后2002～2003年、2004～2005年、2006～2007年、2008～2009年、2010～2011年的两年平均值。表中农产品总体RCA值为所列农产品的算术平均值。

表4－1结果显示不同类型农产品的国际竞争力变化趋势是不同的。入世以来中国农产品总体显示性比较优势小于1.25，具有中等竞争力。由入世前1995～1997年的0.67上升至入世后2002～2003年的1.20，进而又下降为2010～2011年的1.07，呈现倒U形状，维持在1左右，说明中国入世前后农业生产和贸易结构趋于合理。表4－1中劳动密集型农产品的比较优势基本上均高于土地密集型农产品，主要劳动密集型农产品的比较优势不断上升，其中蔬菜、水果及水产品的RCA指数均大于1.25，比较优势较突出。蔬菜产品的RCA指数上升最为明显，由入世前较弱的比较优势上升为较强比较优势。而表4－1中土地密集型农产品的比较优势显示出进一步下降趋势，除了玉米以外的其他农产品RCA均小于0.8，不具有竞争优势，而稻谷生产一直具有微弱的优势，从入世后2002年开始由具有比较优势转变为具有比较劣势，显示出在面临国际市场激烈竞争时，土地密集型农产品因国外质优价廉产品的冲击导致生产贸易进一步萎缩，逐渐呈现比较劣势。正如表4－1所示，此类产品在现有政策组合中也是受保护较强。

万金（2012）的研究结果同样显示，从2001年到2010年，水产品和园艺产品的比较优势在加强，而非食用畜产品比较优势基本保持原有水平，大宗农产品、食用畜产品等依旧不具有比较优势，大宗农产品的比较劣势最强（见表4－2所示）。入世十多年来，中国农产品的比较优势集中于劳动密集型品种，而土地密集型品种不具有比较优势的状态并没有出现明显的改变。此外，细分农产品的比较优势品种数目未发生改变，大部分农产品仍不具有比较优势，绝大部分大宗农产品不具有比较优势，且比较优势品种出现了显著的减少，所有水产品皆具有比较优势，且品种数不变，大部分其他类农产品不具有比较优势，比较优势品种数有明显的增加。

表4－2　　各类农产品的比较优势品种数的变动

种类	不同类别品种总数	比较优势品种数	
		2001年	2010年
大宗农产品	15	5	2
食用畜产品	9	3	2
非食用畜产品	4	2	2
水产品	4	3	4
园艺产品	9	5	5
林产品	8	2	3
烟草与饮料	4	2	2
其他	12	3	6
合计	65	26	26

资料来源：万金．中国农产品贸易比较优势动态研究［D］．华中农业大学，2012.

入世以来中国农产品进出口贸易规模和结构均有不同程度的变化，孔祥智等（2013）的研究也得出中国粮食出口明显下降，呈现净进口格局，土地密集型农产品正在逐步丧失国际竞争力，而劳动密集型的农产品出口大幅增长，蔬菜、水果、水产品等出口优势明显，现有农业生产和贸易结构是与中国资源禀赋相符的。入世十多年来，中国优化和调整农产品出口结构，积极扩大园艺、水产、畜禽等优势农产品出口，建立了优势农产品出口体系，而粮食等土地密集型农产品出口额占农产品出口总额的比重显著下降，从2001年的20%下降至2010年的不足10%。与此同时中国开始适度进口资源密集型农产品，探索建立统筹利用国内外两个市场、两种资源的战略机制。以2010年为例，中国进口植物油与油籽折合食用油共2035万吨，按目前大豆亩产118公斤、大豆出油率18%的生产技术水平测算，相当于利用了国外9.6亿亩的种植面积（相当于国内水稻与玉米种植面积之和）。这些进口大豆若全部由国内生产来替代，意味着要以减少68%的粮食总产量为代价（程国强，2011）。

从表4－3中可知，中国1978年拥有比较优势品种20种，比较劣势品种45种；1993年拥有比较优势品种25种，比较劣势品种40种；2001年拥有比较优势品种26种，比较劣势品种39种；2010年拥有比较优势品种26种，比较劣势品种39种。因此，从品种数量结构来看，1978年至今中国比较优势农产品品种数变化不大，但优势品种具体分布有所变动。

表4－3　改革开放以来农产品比较优势分布及变动　单位：种

类型	年份	大宗产品	食用畜产品	非食用畜产品	水产品	园艺产品	林产品	饮料烟草	其他
强比较劣势	1978					1			
	1993		1				1		
	2001							1	
	2010		1						

续表

类型	年份	大宗产品	食用畜产品	非食用畜产品	水产品	园艺产品	林产品	饮料烟草	其他
较强比较劣势	1978						3	1	1
	1993	1	1			1	2	1	
	2001	1	2			1	2		
	2010	1					1	1	
比较劣势	1978	13	6	1	3	3	5	3	5
	1993	9	5	2	1	3	4	1	7
	2001	9	4	2		3	4	1	9
	2010	12	6	2		4	4	1	6
比较优势	1978		2	2	1	3			4
	1993	4	2		2	3	1	2	4
	2001	5	2	2	1	2	2	2	2
	2010	2	2	2	1	2	3	2	5
较强比较优势	1978				1	2			1
	1993			2					1
	2001		1		1	1			1
	2010				1				
强比较优势	1978	1	1	1					1
	1993	1			1	2			
	2001				2	2			
	2010				2	3			
NRCA加权值	1978	-16.9	2.15	19.56	4.250	-8.56	-32.13	-12.5	6.22
	1993	-19.9	-22.28	6.819	6.449	8.392	-36.6	-6.70	-5.89
	2001	-33.7	-20.69	3.752	37.51	13.03	-37.20	-21.2	-7.88
	2010	-49.6	-21.79	3.650	101.7	104.8	-25.95	-15.1	36.47

注：表中的数值表示3位编码农产品的种类数。

资料来源：万金，祁春节．改革开放以来中国农产品对外贸易比较优势动态研究——基于NRCA方法的分析［J］．世界经济研究，2012（4）．

从上述分析中可知，中国农产品贸易品种基本格局为：蔬菜水果、水产品等是主要出口产品，粮食、棉花、食用植物油等是主要的进口产品，初级农产品出口在减少，而加工农产品进口在增加。尽管中国主要粮棉产品等土地密集型的农产品总体上已不具比较优势，但那些劳动密集型而又不利于机械化的农产品，如蔬菜和水畜产品，中国仍拥有显著的比较优势。因此，中国农业生产具有比较优势品种的差异为中国通过国际范围分工和贸易获得农产品以满足国内需求提供了良好的机会。中国完全应当积极地调整农产品生产贸易结构，在具有比较优势产品的生产上实行专业化生产并扩大出口，而通过国际贸易获得食物供给，适当放弃不具比较优势的产品生产，通过国际分工赚取比较利益。因此中国应该进一步依照农业生产所呈现的比较优势格局来调整农业生产贸易结构，最大化入世福利。

（二）中国农业国内资源成本系数比测定

显示性比较优势假定现实中存在自由贸易，甚至存在完全竞争，因而可以从结果判断比较优势（如表4－1所示）。而事实上当今世界并非完全自由贸易，各国存在形式多样的贸易保护措施，因而显示性比较优势结果可能暗含了贸易政策等扭曲影响，故其结果可能难以反映一国真实的比较优势。钟甫宁（2003）等文献指出国内资源成本系数实际上不存在理想的自由贸易或完全竞争，因而不能从贸易的结果判断比较优势，必须从生产成本的比较中测定比较优势。本书将借鉴钟甫宁（2003）的国内资源成本系数比（RDRCC）和国内资源成本系数（DRCC）来判定中国农业实际的比较优势，其结果才能符合李嘉图的基本原理。依据公式（4－2）、公式（4－3），并结合钟甫宁（2003，2004）、叶春辉（2004）的分析，计算结果如表4－4所示。

表 4 - 4　1995 ~ 2011 年中国农产品国内资源成本系数比和国内资源成本系数

品种		年份							
		1995 ~ 1997	1998 ~ 2000	2001	2002 ~ 2003	2004 ~ 2005	2006 ~ 2007	2008 ~ 2009	2010 ~ 2011
土地密集	小麦	1.00	1.00	1.00	1.00	1.00	1.00	1.00	1.00
		0.92	1.06	1.25	0.64	0.76	0.95	1.03	1.25
	稻谷	0.64	0.68	0.59	1.16	1.02	0.99	0.82	0.86
		0.59	0.72	0.73	0.74	0.78	0.95	0.85	1.08
	大豆	1.04	0.80	0.88	1.90	1.27	1.20	1.33	0.97
		0.96	0.85	1.10	1.21	0.97	1.14	1.37	1.22
	食糖	0.16	0.13	0.59	1.35	1.28	1.09	1.05	0.66
		0.15	0.14	0.73	0.86	0.98	1.04	1.08	0.83
	植物油	1.15	1.45	1.00	1.60	1.65	1.58	1.07	0.89
		1.06	1.54	1.25	1.02	1.26	1.50	1.11	1.11
	玉米	0.89	1.11	0.52	1.40	1.16	1.21	1.18	0.97
		0.82	1.17	0.65	0.89	0.88	1.15	1.22	1.22
	棉花	0.81	0.78	0.68	1.11	1.11	1.01	1.28	1.01
		0.74	0.83	0.85	0.71	0.85	0.96	1.32	1.26
劳动密集	蔬菜	0.80	0.64	0.62	0.72	0.70	0.54	0.48	0.33
		0.74	0.68	0.77	0.46	0.53	0.51	0.49	0.42
	水果	0.26	0.17	0.35	0.55	0.43	0.21	0.22	0.23
		0.23	0.18	0.44	0.35	0.33	0.20	0.23	0.29
	肉类	0.82	0.56	0.43	0.92	0.88	0.77	0.71	0.58
		0.75	0.59	0.54	0.59	0.67	0.73	0.74	0.73
	水产品	0.51	0.65	0.55	1.09	0.98	0.77	0.80	0.54
		0.47	0.69	0.68	0.70	0.75	0.73	0.82	0.67

资料来源：依据《全国农产品成本收益资料汇编》《中国统计年鉴》等资料计算而得。其中每列数据为入世前 1995 ~ 1997 年、1998 ~ 2000 年的三年平均值，入世后 2002 ~ 2003 年、2004 ~ 2005 年、2006 ~ 2007 年、2008 ~ 2009 年、2010 ~ 2011 年的两年平均值。其中国内资源成本系数比（RDRCC）为表格中每种产品未加灰色底纹的数据，在计算不同产品国内资源成本系数比（RDRCC）时以小麦的 DRCC 作为基准，国内资源成本系数（DRCC）为表格中加注灰色底纹的数据。

表4－4计算的国内资源成本系数比（RDRCC）和系数（DRCC）主要从资源配置效率和机会成本的角度分析国内生产的比较优势，时间跨度较长，在一定程度上反映了比较优势的中长期变化趋势，因此可作为国际间利益比较的指标。依据表4－4可判断中国在国际市场上的比较优势状况和格局，入世前后中国农业国内资源成本变化显著。总体上，中国农产品在国际市场上的比较优势存在着较大的差异，其中土地密集型的稻谷、小麦、玉米等产品的国内资源成本系数平均值（2010～2011年）为1.14，表明2010～2011年中国每生产一单位土地密集型产品可赚取或节约1美元，所消耗的国内资源成本约为1.14美元，表明中国该类产品整体上在国际市场上已经呈现劣势；而中国劳动密集型农产品的国内资源成本系数平均值（2010～2011年）为0.53，具有很强的比较优势，现有农业生产贸易格局，完全符合中国基本国情。表4－4分品种来看，中国农产品在国际市场上的比较优势差异更大：具有显著比较优势（DRCC小于0.75）的产品有蔬菜、水果等劳动密集型产品；具有较强比较优势（DRCC介于0.75和0.85）的产品有肉类、水产品；具有微弱比较优势（DRCC值介于0.85和0.95）的产品为食糖；不具比较优势或处于比较劣势（DRCC大于1）的产品主要包括稻谷、大豆、小麦、棉花等土地密集型产品。表4－4的DRCC可以得出，基于中国农业人多地少，粮食生产并不是中国的比较优势所在，小麦、棉花等土地资源密集型农产品缺乏国际市场竞争力，而水果、蔬菜等劳动密集型农产品的生产具有较明显的比较优势，入世十多年给中国农业带来的最大机遇就是可以利用国内外两种资源两个市场，突破中国农业发展的资源瓶颈。

以小麦生产的国内资源成本系数为基准，表4－4中的国内资源成本系数比揭示了中国不同农产品生产的比较优势的大小（可将RDRCC数值从小到大排列，数值越小比较优势越大）。判断某种农产品是否具有比较优势并非看其数值是否小于1，而是根据排序情况判断各种农产品比较优势的相对大小。入世前（1995～1997年）的顺序为：植物油、大豆、小麦、玉米、肉类、棉花、蔬菜、稻谷、水产品、水果、食糖，调整为入世后（2010～2011年）的棉花、小麦、大豆、玉米、植物油、稻谷、食糖、肉类、水产品、蔬菜、水果，生产比较优势发生了显著变化。入世十多年来，随着农业政策的不断调整，中国农业生产贸易结构也随着比较优势的变化而调整。从表4－4可得，按照相对比较优势理论和国内资源成本系数的判别标准，国内资源成本系数（DRCC）已大于1，并且国内资源成本系数比（RDRCC）排在首位的农产品的生产应大幅减少，涉及农产品有小麦、大豆等；应大幅增加国内资源成本系数（小于0.7），且国内资源成本系数比（RDRCC）排在末位的农产品的生产，如水产品、蔬菜、水果等。安德森·速水认为，一国越是缺乏耕地资源，经济增长越快，其农业的比较优势下降的就越快，中国是典型的土地稀缺、劳动力丰裕的国家，表4－4中中国农产品比较优势的变化刚好符合此特征：中国土地密集型农产品的比较优势都在逐渐丧失，劳动密集型产品的比较优势则逐渐显现。因此，今后中国可以考虑进一步扩大密集使用丰裕要素的劳动密集型农产品生产，同时适当压缩密集使用稀缺要素的土地密集型产品生产。

（三）中国农业潜在竞争力测定

从显示性比较优势（如表4－1所示）和国内资源成本系数（如表4－4所示）的研究中可得中国在劳动密集型农产品上具有优势，那么在现有要素禀赋条件下，中国农业政策调整后的组合措施给予生产者的有效保护程度如何，也将影响中国农业比较优势的发挥，进而影响中国农业整体发展。依据公式（4－4）得出各类农产品的有效保护率，结果如表4－5所示。

表 4 – 5　　中国农产品有效保护率

品种		年份							
		1995 ~ 1997	1998 ~ 2000	2001	2002 ~ 2003	2004 ~ 2005	2006 ~ 2007	2008 ~ 2009	2010 ~ 2011
土地密集	小麦	0.016	–0.033	0.337	0.293	0.348	0.333	0.278	0.247
	稻谷	0.038	–0.002	0.080	0.120	0.025	0.061	0.030	0.033
	大豆	0.024	0.046	0.010	0.005	–0.063	–0.290	–0.173	–0.025
	食糖	–0.372	0.341	0.380	0.268	0.342	0.315	0.290	0.233
	植物油	0.236	0.440	0.333	0.348	0.003	0.044	0.025	0.023
	玉米	0.012	0.047	0.257	0.335	0.511	0.694	0.522	0.032
	棉花	0.318	0.324	0.283	–0.390	–0.293	0.348	0.333	0.340
劳动密集	蔬菜	–0.272	–0.347	–0.303	–0.360	–0.213	–0.297	–0.327	–0.360
	水果	0.241	0.186	–0.217	–0.268	–0.295	–0.262	–0.245	–0.237
	肉类	0.334	0.361	0.333	0.342	0.111	0.179	0.005	0.002
	水产品	–0.353	–0.337	0.370	0.248	0	–0.007	–0.112	–0.070

资料来源：依据《全国农产品成本收益资料汇编》《中国统计年鉴》等资料计算而得。其中每列数据为入世前 1995 ~ 1997 年、1998 ~ 2000 年的三年平均值，入世后 2002 ~ 2003 年、2004 ~ 2005 年、2006 ~ 2007 年、2008 ~ 2009 年、2010 ~ 2011 年的两年平均值。

从整体上看，表 4 – 5 显示了中国农业生产仍然处于负保护状态，劳动密集型农产品除了肉类产品受到一定程度的正保护外，大部分具有较强比较优势的蔬菜、水果等呈现负保护；对于土地密集型农产品而言，除了大豆和棉花处于负保护外，小麦、稻谷等产品受到了不同程度的正保护。从表 4 – 5 还可得出，尽管不同种类农产品生产受保护状况相差很大，但是保护引发的市场扭曲程度却不是很严重：2010 ~ 2011 年小麦、食糖的有效保护率仅为 0.247、0.233，与入世初相比较已出现大幅度下降。此外通过表 4 – 5 可知中国对粮食生产的有效保护率从 1995 年至入世前，主要粮食作物的生产已基本上处于正保护之中，入世后政策有所变动，放松了完全失去比较优势的大豆生产

(ERP 呈现负值)。虽然中国土地密集型的粮食产品并不具有比较优势(表 4 -1、表 4 -4 所示),生产意味着资源的浪费和福利的损失,但出于 13 亿人口的粮食安全考虑,中国政府为了实现 95% 的粮食自给率,对粮食产品价格的保护和对生产资料的补贴等措施使得表 4 -4 中的多数粮食产品有效保护率呈现正值,并且伴随表 4 -1、表 4 -4 中比较优势的进一步降低,在今后其保护水平可能会进一步的提高。

入世十多年来,中国履行了相关入世承诺,扩大了市场准入范围和调整了国内现有农业政策,土地密集型农产品的比较优势将进一步下降,进口依赖增加。除大米和玉米一直是比较优势产品外,大宗土地密集型农产品逐渐失去比较优势,如小麦一直属比较劣势,棉花入世后变为比较劣势。而园艺类、活动物、蔬菜、水果、茶叶和肉制品等劳动密集型农产品具有明显的比较优势。综合本章相关表中数据可以看出,中国农产品比较优势变化趋于成熟,劳动密集型产品代替土地密集型产品,经济作物代替粮食作物。现阶段实施的农业政策调整的首要目标是提升农产品的比较优势。入世后已有保护措施的调整和逐步削减,受保护部门的竞争力将下降,而一直受到负保护的部门竞争力将进一步提高。粮食、棉花等受到的实际保护率较高,而果蔬、水产品等则受到负保护,前者的优势和竞争力将趋于下降,而后者的优势和竞争力则趋于上升。从中也可看出,中国大宗粮、棉、油等土地密集型的生产不具有比较优势,而劳动密集型的果蔬等产品具有比较优势。进而表明中国要素禀赋结构是解释农业比较优势的基本因素,决定农产品贸易格局和竞争力的仍是要素禀赋的差别。可见,入世后中国农业生产和贸易结构调整的目的正是为了充分发挥资源禀赋的比较优势。

中国的劳动力数量达到 4 亿人之多,合理引导与利用农村大量剩余劳动力资源,发挥丰裕要素资源的潜力是农业生产的优势所在。郭天宝等(2012)研究结果显示,中国劳动密集型农产品的国际竞争力明显增强，成为主要出口的农产品，比重从2000年的59%上升到2010年的67%，处于高贸易额的顺差状态。而土地密集型农产品大宗农产品出口日益减少，进口日益增加，尤其是大麦，这类产品已经成为中国主要进口的农产品，由2000年的40%上升到2010年的58%，处于高贸易额的逆差状态，逆差额由2000年的18亿美元上升到2010年399亿美元（如图4－1所示）。在世界农业分工格局中，因土地资源和国力有限，开放的中国不可能也没有必要追求农产品生产的完全自给，可以减少资源密集型的大宗农产品生产，适度增加缺乏比较优势农产品的进口。对那些不具比较优势的农产品在不影响安全供给的前提下，应利用外国供给调剂国内需求，适当增加资源密集型产品进口，有利于提高农业生产和贸易的整体效益。

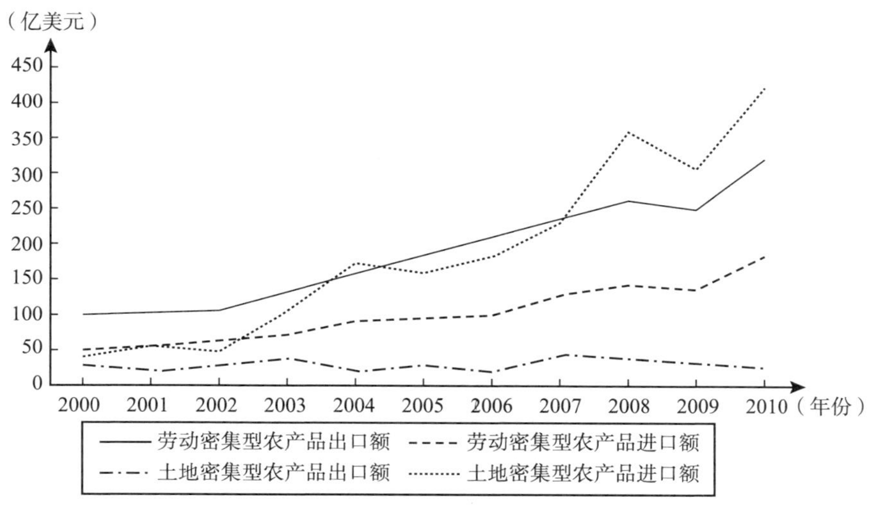

图4－1　中国农产品进出口：劳动密集型和土地密集型产品

注：劳动密集型产品主要包括蔬菜、水果、水产品、畜产品；土地密集型产品主要包括粮食、油料、棉花等大宗产品。

资料来源：郭天宝，郝庆升．“十二五”期间中国农产品国际竞争力分析［J］．世界农业，2012（6）：57－60.

表4－5的有效保护率水平与表4－1、表4－4呈现的比较优势基本一致。除了表4－5中的棉花产品以外，蔬菜等劳动密集型农产品的有效保护率基本为负，这意味着现有的竞争力大于潜在的竞争力，具有较强的比较优势，无需保护。综合本章表中数据可知，入世十多年，中国主要农产品的国际竞争力并未因入世承诺的实现而呈现明显下降趋势。随着经济发展水平的提高，国内外需求的巨大缺口引起了生产规模扩大，扩大进口国外质优价廉的农产品，部分农产品的大进大出是中国进一步充分利用国内外资源和市场的理性选择和必由之路。

四、本章小结

本书采用显示比较优势和国内资源成本等方法对中国农产品比较优势进行了系统测算。结果显示，中国农产品比较优势整体下降的同时仍具有微弱优势，正逐渐为少数品种所拥有，从农产品要素密集度来看中国农业资源禀赋是中国农产品比较优势的决定因素。按比较优势原则进行农产品生产和贸易结构调整并不意味着减少对农业的支持与保护，任何国家产业结构的成功调整均离不开政府的支持。按照国际贸易的比较优势理论，入世后中国应主动放弃缺乏比较优势的土地密集型农产品的关税保护，大量进口质优价廉的粮棉油糖等农产品。但考虑到粮食安全等因素，中国农产品进口又不能纯粹按照比较优势原则，有必要在WTO农业协议框架下制定有效的农业政策措施组合，并对不具优势的农产品生产加以一定程度的扶持，根据中国农业发展状况，农产品贸易保护应遵循适度有效的保护原则。

中国农业比较优势充分体现了农业的资源禀赋现状，农产品比较优势作为衡量一国资源禀赋和竞争力的指标之一，对于农业边境贸易政策和农业国内政策措施的制定和调整起着基础性作用，农业政策调整后的组合首先要反映农业的比较优势。依据中国农业不同要素密集型农产品的比较优势，调整农业相关政策措施，对于政策目标的实现具有重要意义。那么目前，入世十多年来的农业政策调整是否反映了中国农业比较优势变化，将是下一章继续研究的问题。

第五章

中国农业贸易政策调整与比较优势相关性研究

一、引言

从上一章中国农业比较优势的演变可以看到，加强和维护农业的支持和保护是必要的。随着中国经济融入世界经济体系步伐的加快，中国的农业发展面临的政策环境发生了巨大的变化：一方面，中国加入 WTO 后的农业政策需要被动调整；另一方面，随着国内农业生产比较优势的变动，农业政策需要主动调整，这些变化必然会对农业生产体系和贸易格局产生深刻影响。入世十多年来，中国一直在认真履行入世承诺，按照世贸组织规则积极调整边境贸易措施，加强国内支持政策。那么入世十多年中国农业传统的贸易保护措施逐渐丧失，现有农业贸易政策调整效果如何，农业贸易政策的调整是否顺应了比较优势原则，如何看待中国农业政策调整和比较优势变化的关系，这些问题迫切需要通过入世前后长时间数据实证研究来回答。因此，本章将研究入世前后十多年中国农业贸易政策调整的综合效应，系统研究中国农业比较优势变化与农业贸易政策调整的关系，并测算中国农业贸易条件，为今后的农业结构调整与发展提供决策依据。

二、研究框架与方法

（一）研究框架

入世十多年，在 WTO 规则下中国农产品关税、非关税措施等政策因实现入世承诺而降低，中国农业政策、产业政策、贸易环境等发生了巨大变化。中国现有农业政策组合体系下政策措施效应的总水平、农业比较优势、农产品国际竞争力及农业贸易条件等相关问题对今后新一轮农业贸易政策制定者或贸易谈判代表非常关键，是达成或争取最佳贸易福利的基础。

首先，入世十多年中国农业相关政策在入世承诺的基础上有了重大变化，最为显著的特征就是关税税率水平下降、关税结构调整、传统非关税措施取消、国内支持更加透明合理。中国农业贸易政策措施的组合变动效果，也即中国农业贸易政策调整在多大程度上限制进口，是研究中国农业入世十多年首先要解答的问题。

其次，入世十多年中国农业贸易政策干预措施受到 WTO 相关规则的约束，农业生产将愈来愈多地取决于中国农业自身的比较优势。在中国农业贸易政策调整背景下，中国能否从参与多边贸易体系中获益，也取决于中国农业能否充分发挥自身比较优势。那么入世十多年来中国农业贸易政策的调整是否体现了农业比较优势的变化，现有生产贸易结构是否遵循了比较优势原则，这需要重新审视系统测度。

最后，入世十多年中国农业政策调整使得贸易保护减少，中国农业比较优势发生了变动，即增加农产品进口量进而可能抬高进口价格，而国内供给增加又降低了出口农产品价格。根据比较优势理论，参与国际竞争是一种互利行为，但是互利并不等于等价交换。因此，中国入世十多年，在农产品贸易上中国是否获得应得利益，中国农产品贸易条件是否随着中国农业贸易政策组合调整而变动，是评判中国农业政策调整效应的福利标准。

（二）农业贸易政策调整效应测定方法

入世十多年，中国大幅度开放了农产品市场，关税削减幅度达72%，现有关税不足世界平均水平的1/4，“黄箱”支持下的综合支持量（AMS）为0，微量允许水平只占农业产值8.5%，表明中国农业承诺远高于其他WTO成员（倪洪兴，2011），中国将全面实现从农业“负保护”向“正保护”的政策转型。中国（c）对农产品（i）总的贸易限制效应可以表示为：

$$T_{i,c,t} = ave_{i,c,t} + t_{i,c,t} \tag{5-1}$$

其中，$T_{i,c,t}$代表中国农产品贸易受关税与非关税约束之和，也即贸易总体限制；$ave_{i,c,t}$为中国农产品（i）的非关税贸易措施的等值关税；$t_{i,c,t}$代表农产品（i）的关税约束水平。为了得到$T_{i,c,t}$，必须先估算$ave_{i,c,t}$，而估算$ave_{i,c,t}$首先需要估计非关税壁垒对进口的数量影响，进而借助进口需求弹性将数量效应转化为价格效应。中国农产品非关税贸易措施对农产品进口有明显的数量控制作用，因此需要建立非关税贸易措施、关税和国内支持等对HS6分位农产品进口量的阻碍效应模型，估算非关税贸易措施对农产品进口的数量影响。国内衡量某种非关税措施对进口商品的数量影响，常用的方法是就所考察的非关税贸易措施如技术性贸易措施设置虚拟变量，建立相关因素与进口量的方程，估算技术性贸易措施对进口量的影响，这种方法表面上是计算了技术性贸易措施的数量影响，但实际上可能也同时暗含了其他非关税贸易措施的影响，因为同一产品可能受到不同非关税贸易措施的影响，这些影响可能无法剥离。现有文献中的量化方法如表5-1所示。

表 5－1 非关税贸易壁垒量化方法评价

量化方法	局限
价格契约方法	1. 可以衡量非关税障碍（NTB）的数量效应，但是不能明确指出 NTB 的种类； 2. 要求进口产品完全可替代； 3. 结果不能完全反映交易成本； 4. 仅限于较小范围产品的研究，对于大量产品研究，该方法并不可行；
基于存货的方法	1. 不同的产品具有不同的标准，不同的标准对产品的影响也不同； 2. 措施的数量与其效应之间是否存在关系尚不明确； 3. 由于国家间数据差异，相关数据可能会导致有偏的结论
壁垒频率覆盖率法	1. 对外国出口商来说，在对产品定价和定量时，从覆盖面指数和频率指数中得不到任何非关税壁垒可能存在的会对贸易产生重大影响的信息； 2. 频率覆盖率测算法主要用于衡量边境非关税贸易壁垒措施，忽略了国内相关限制措施的影响； 3. 频率覆盖率测算法不能反映非关税贸易壁垒对进口商品价格、数量和消费所产生的影响，即不能反映其对贸易的扭曲程度
指数法	测算方法比较复杂，需要大量相关信息，因此目前对该指数的经验研究尚处于起步阶段

本书在处理非关税贸易措施时，按照联合国贸易和发展会议（UNCTADs TRAINS）的分类标准，对出现价格控制、数量控制、垄断措施、技术性规则这四大非关税贸易措施的情形取虚拟变量为 1，这样做的优点在于能够将形式多样的非关税贸易措施全部考虑在内。国外研究（Leamer，1990；Lee and Swagel，1997；Kee and Nicita，2008）贸易措施与进口数量的常用方法是建立如公式（4－2）所示的一般均衡模型，本章将采用该方法衡量关税和非关税贸易措施对不同农产品进口数量的阻碍效应：

$$\ln m_{i,t} = \alpha_i + \sum_k \alpha_{i,k} C_t^k + \beta_i^{Core} Core_{i,t} + \beta_i^{DS} \ln DS_{i,t} + \varepsilon_i \ln(1 + t_{i,t}) + \mu_i \tag{5-2}$$

其中，$\ln m_{i,t}$为农产品 i 进口数量的自然对数形式；α_i 为衡量农产品 i 固定效应的变量；C_t^k 为 3 个表示国家特征的变量，一般采用能衡量一国比较优势的相对要素禀赋表示：农业土地/GDP、农业资本/GDP 和农业人口/GDP；$Core_{i,t}$表示一国是否存在核心非关税贸易措施的虚拟变量，若存在，虚拟变量取 1，反之取 0；$\ln DS_{i,t}$表示连续的国内农业支持的对数形式；$t_{i,t}$为一国对农产品 i 的关税税率；β_i^{Core} 衡量一国对农产品 i 采用的核心非关税贸易措施的影响系数；β_i^{DS} 衡量一国对农产品采用的国内支持的影响系数；ε_i 为一国农产品 i 的进口需求弹性；μ_i 为误差项。公式（5－2）将现实中影响进口数量的因素抽象为四类，其中有三类与贸易措施有关。首先是核心非关税贸易措施（*Core*），本书研究联合国贸易和发展会议（UNCTADs TRAINS）标准中的价格控制、数量控制、垄断措施、技术性规则，以此将现实中各类非关税贸易措施加总归类。其次是国内补贴（*DS*），补贴是一项国内支持政策，提高了本国的生产能力和市场竞争力，对进口也起到一定的阻碍作用，与进口呈反方向变动。因中国现阶段农产品生产中存在大量的国内补贴，故需要将其与非关税贸易措施区分开来，分别量化两者对于进口数量的影响。最后是关税（t），通常关税与进口呈反方向变动，但变动的程度受到进口需求弹性的影响。为了单纯考察非关税贸易措施对农产品进口量的影响，可将公式（5－2）适当变形：

$$\ln m_{i,t} - \varepsilon_i \ln(1 + t_{i,t}) = \alpha_i + \sum_k \alpha_{i,k} C_t^k + \beta_i^{Core} Core_{i,t} + \beta_i^{DS} \ln DS_{i,t} + k_i \tag{5-3}$$

估算公式（5－3）模型的数量效应，需要已知进口需求弹性，而现有国内外研究不能提供 HS6 分位中国农产品的进口需求弹性，有必要对公式（5－3）中农产品进口弹性进行估计。要研究进口价格和进口数量之间的关系，即进口需求弹性，就必须要考虑变量间的内生性问题（Lee and Swagel，1997；盛斌，2002；钟钰等，2007）。因此，考虑中国农产品贸易的特殊性和相关研究数据的可获性，借助 William（2008）、Arellano 和 Bond（1991）、李坤望等（2008）等文献，用动态面板数据估算进口需求弹性，采用联立方程组形式，建立如下反映进口量和进口价格等因素的计量模型：

$$\ln q_{i,t}^{M} = \alpha_{i,0} + \alpha_{i,1}\ln p_{i,t}^{M} + \alpha_{i,2}\ln p_{i,t}^{D} + \alpha_{i,3}\ln P_{t} + \alpha_{i,4}\ln Y_{t} + \alpha_{i,5}\ln q_{i,t-1}^{M} + \kappa_{i,t} \tag{5-4}$$

$$\ln p_{i,t}^{M} = \beta_{i,0} + \beta_{i,1}\ln q_{i,t}^{M} + \beta_{i,2}\ln p_{i,t}^{D} + \beta_{i,3}\ln(1+t)_{i,t} + \beta_{i,4}\ln e_{t} + \beta_{i,5}\ln p_{i,t-1}^{M} + \lambda_{i,t} \tag{5-5}$$

公式（5－4）、公式（5－5）中，$q_{i,t}^{M}$和$p_{i,t}^{M}$分别代表t年中国进口HS6分位农产品i的数量和价格；$p_{i,t}^{D}$代表t年农产品i的中国国内生产价格，以中国农产品出口价格替代（离岸价，FOB价格）；P_t代表中国GDP折算指数，用以表示中国国内一般物价水平；Y_t代表中国实际GDP；$q_{i,t-1}^{M}$代表滞后一年农产品i的进口量；$(1+t)_{i,t}$代表中国进口农产品i的从价税；e_t代表中国人民币兑换美元的汇率；$p_{i,t-1}^{M}$代表滞后一年商品i的进口价格。考虑进口需求弹性经济含义，$\alpha_{i,1}$预期系数符号小于0，即进口商品的价格越高，进口量则会下降。考虑经济含义，则公式（5－4）、公式（5－5）预期系数符号如表5－2所示。

表5－2 模型系数符号预期及含义

参数符号	经济含义	参数符号	经济含义
$\alpha_{i,1}<0$	进口价格高导致进口量少	$\beta_{i,1}<0$	进口量少，进口价格高
$\alpha_{i,2}>0$	国内生产i的价格高，进口量多	$\beta_{i,2}>0$	较高国内价格导致进口价格高
$\alpha_{i,3}>0$	国内一般价格水平高，进口量多	$\beta_{i,3}>0$	较高关税导致最终进口价格高
$\alpha_{i,4}>0$	国内收入高，进口量多	$\beta_{i,4}<0$	本币价值高降低i进口价格

本书借鉴季和斯瓦戈（Lee and Swagel，1997）采用两阶段估计法（2SLS）获得HS6分位农产品的β_i^{core}与β_i^{DS}，根据估计结果首先可以观测到非关税贸易措施对进口数量的影响程度，之后可以得到非关税贸

易措施对进口数量的限制效应。但是不同农产品受到非关税贸易措施影响的数量效应无法直接比较限制效果，故需要进一步将其转化为价格效应，即计算关税等值。借鉴基等（Kee，Nicita and Olarreaga，2008）文献中的定义：非关税贸易措施关税等值 $ave = \partial \ln p^d / \partial NTB$，分子中 p^d 为完全竞争市场上农产品国内价格，分母中 NTB 为非关税贸易措施。该定义无需准确获取垄断利润或租数据，可从公式（5－2）中推导得到，通过进口需求弹性将非关税贸易措施的数量效应转化为价格效应。进而为了测算非关税贸易措施的关税等值 ave，需对公式（5－2）中 $Core_{i,t}$ 和 $\ln DS_{i,t}$ 微分，移项化简得到公式（5－6）、（5－7）：

$$ave_i^{Core} = \frac{1}{\varepsilon_i} \frac{\partial \ln m_i}{\partial Core_i} = \frac{e_i^{\beta^{Core}} - 1}{\varepsilon_i} \qquad (5-6)$$

$$ave_i^{DS} = \frac{1}{\varepsilon_i} \frac{\partial \ln m_i}{\partial DS_i} = \frac{\beta_i^{DS}}{\varepsilon_i} \qquad (5-7)$$

由估算出的进口需求弹性 ε_i、β_i^{Core} 及 β_i^{DS}，通过公式（5－6）、公式（5－7）可得中国农产品 i 的非关税贸易措施的关税等值 ave。

借助某些学者的（Feenstra，1995；Kee，Nicita and Olarreaga，2005；Anderson and Neary，2007；Croser，2010）文献运用贸易限制指数来测算农产品贸易措施限制效果。

$$TRI = \left(\frac{\sum m_n \varepsilon_n T_n^2}{\sum m_n \varepsilon_n} \right)^{1/2} \qquad (5-8)$$

公式（5－8）中 m_n 为 HS6 分位农产品进口平均量，ε_n 为 HS6 分位农产品进口需求弹性。

进口农产品的需求弹性越高，关税措施或非关税贸易措施对农产品进口造成的限制效果就越强。芬斯特拉等（Feenstra，1995；Kee，Nicita and Olarreaga，2005）等进一步指出贸易限制指数可以表示成进口额和进口需求弹性单调增函数：

$$TRI = [\bar{T}^2 + \sigma^2 + \rho^2]^{1/2} \qquad (5-9)$$

其中，$\bar{T} \equiv \sum m_n T_n$，$\sigma^2 \equiv \sum m_n (T_n - \bar{T})$，$\rho^2 \equiv Cov(\tilde{\varepsilon}_n, T_n^2)$，$\tilde{\varepsilon}_n \equiv \frac{\varepsilon_n}{\bar{\varepsilon}}$，$\bar{\varepsilon} \equiv \sum m_n \varepsilon_n$。从公式（5-9）中可以看出在完全禁止进口的贸易限制下，权重将不会取0，除非进口需求弹性为0，这就克服了一般常见加总的错误。常见加总方法以贸易量或贸易额为权重，若非关税贸易措施限制非常严格导致没有该农产品的进口，则权重为0，事实上严格的非关税贸易措施限制应该给予较高权重。本书采用的贸易限制指数法可以很好地拟合现实。

本书将在朱晶等（2012）研究方法基础上运用1995～2011年主要农产品进出口相关数据先估算农产品非关税贸易措施的关税等值，再构建不同整合程度的贸易限制指数（TRI），深入研究入世十多年中国农业贸易政策变动的农产品总体和分类农产品效果。

（三）农产品新要素贸易条件测定方法

贸易条件是衡量一国对外交换利益变动的一个重要指标，可以综合反映一国贸易状况以及实际资源的流动状况，反映一国实际福利变动。影响一国贸易条件的因素有本国要素禀赋状况、对外贸易发展战略与贸易政策等。为了准确衡量中国农产品在国际市场上的竞争力，本书需要结合劳动报酬率建立劳动效益新要素贸易条件。因为传统的双要素贸易条件仅考虑生产要素的效率，没有考虑生产要素的成本，不能全面反映一国所取得的贸易利益。本书基于劳动效益建立的新要素贸易条件不仅能考虑劳动生产率，还能考虑投入要素的价格，因而可以全面反映一国所得的贸易利益，可从另一层面反映比较优势和竞争力，如公式（5-10）所示：

$$DLFTT = \left(\frac{P_X}{P_M}\right) \times \left[\left(\frac{L_{Xt}}{L_{X0}}\right) \div \left(\frac{L_{Mt}}{L_{M0}}\right)\right] \tag{5-10}$$

其中，*DLFTT* 代表双边劳动效益要素贸易条件。P_X、P_M 分别为一定时期内本国出口商品的价格指数和外国生产本国进口商品价格指数，根据进出口商品的数量和价格，计算出口和进口商品价格指数的 Laspeyres 公式为（5－11）：

$$P_{Xt} = \sum p_{Xit}q_{Xi0}/\sum p_{Xi\,0}q_{Xi\,0} \quad P_{Mt} = \sum p_{Mit}q_{Mi0}/\sum p_{Mi0}q_{Mi0} \qquad (5-11)$$

p_{Xit} 和 p_{Mit} 分别为第 i 种贸易品第 t 期的出口和进口价格，p_{Xi0} 和 p_{Mi0} 分别为第 i 种贸易品基期的出口和进口价格，q_{Xi0} 和 q_{Mi0} 分别为第 i 种贸易品基期的出口和进口数量。

式（5－10）中 L_{Mt}、L_{X0} 分别为一定时期内本国出口部门考察期和基期劳动效益系数；L_{Mt}、L_{M0} 为一定时期内外国生产本国进口商品部门考察期和基期劳动效益系数。劳动效益系数为：$L = Y/W$，其中，Y、W 分别为每个劳动力在单位时间内产出的增加值（即劳动生产率指数）和劳动力价格。这样，劳动效益系数就表示单位劳动价格创造出的增加值。为了便于分析，劳动力价格用劳动力工资表示。由公式（5－10）可知新要素贸易条件是价格贸易条件乘以本国生产部门劳动效益系数指数与贸易伙伴国生产部门劳动效益系数指数之比，反映了两国生产部门相对劳动效益系数的变化情况。劳动效益系数是新要素贸易条件的核心，若本国生产部门与贸易伙伴国生产部门的劳动效益系数比大于1，那么本国生产部门具有劳动效益优势，表明该部门具有国际竞争力。劳动效益要素贸易条件可以从要素效率和要素成本两方面反映贸易条件的变化。它解释了发展中国家生产率较低，却在国际市场上有强于发达国家同类产品的竞争力的现象，因此对于分析农产品的比较优势所在有着非常重要的作用。

（四）农业贸易政策调整与比较优势的关系实证方法

农业贸易政策调整效果随着比较优势变化呈现什么样的变化才

算合理，需要依据产品的比较优势状况进行区分。依据经典比较优势理论，对于比较优势产品，只要 RCA 数值在大于 1 的范围内变动，无论变化趋势如何，其农业贸易政策对其限制都应该降低。因为具有比较优势的农产品完全可以按照贸易自由化的原则进行国际贸易，应该大幅降低其保护水平，给其他急需保护的农产品留有政策调整的空间。而对于具有比较劣势的农产品且比较优势逐渐降低的农产品而言，农业政策调整效果与比较优势呈现何种关系，要按照该产品的性质来判断。

为了定量测算农业贸易政策调整与比较优势的相关关系，本书将用回归模型建立农业贸易政策调整效果与农业比较优势的关系，基本形式为公式（5－12）：

$$T = \alpha + \beta RCA \tag{5-12}$$

公式（5－12）中参数 β 表明农业贸易政策调整效果与比较优势变动的关系。

基于上述考虑和现有研究，本章首先，将在量化中国农业非关税贸易措施的基础上构建中国农业贸易政策调整效应的贸易限制指数，研究入世十多年中国农业贸易政策调整的分类产品和整体效果。其次，基于劳动生产效率构建中国农产品新要素贸易条件，进一步研究中国农业贸易政策调整的福利效应。最后，对中国农业贸易政策调整和比较优势变动做简单的计量分析，探讨两者的互动关系。

三、结果及解释

（一）中国农产品进口需求弹性

公式（5－4）、公式（5－5）首先，需要解决内生性问题，即进口商品的价格与进口量的因果关系到底如何，本书将采用 Arellano 和

Bond（1991）系统 GMM 面板数据估算法来解决内生性问题。具体来讲，GMM 方法就是将包含变量水平值的原估计方程与一阶差分后方程纳入一个系统进行估计。在系统 GMM 中，解释变量的滞后值将作为一阶差分方程的工具变量，而解释变量一阶差分的滞后值将作为水平变量估计方程的工具变量。该估计方法的有效性依赖于工具变量的有效性，阿雷拉诺和邦德（Arellano and Bond，1995）建议使用萨甘差分统计量（Difference Sargan）来检验工具变量有效性，其原假设为工具变量有效。其次，由于动态面板的解释变量中包含了因变量的一期滞后，因此有必要检验残差项是否存在序列相关，该检验的原假设不存在序列相关。由于差分后的残差一定存在 AR（1），因此只要不存在二阶序列相关即可认为估计结果是无偏的。

基于上述历史数据，采用系统 GMM 方法进行估计，具体估计结果如表 5－3 所示。从农产品进口需求模型估计结果来看，工具变量 Sargan 检验的 P 值为 0. 091，接受工具变量有效的原假设，模型 AR（2）的 P 值为 0. 63，即模型不存在二阶自相关，以上检验结果表明进口需求模型的估计是无偏的；从进口供给模型的估计结果来看，工具变量 Sargan 检验的 P 值为 0. 488，接受工具变量有效的原假设，模型二阶自相关检验 AR（2）的 P 值为 0. 42，即模型不存在二阶自相关，以上检验结果表明贸易偏转模型的估计是无偏的。

表 5－3　　　　农产品进口需求与进口供给方程

农产品进口需求方程			农产品进口供给方程		
变量名	系数值（%）	t	变量名	系数值（%）	t
c	3. 956***	4. 768	c	3. 065*	1. 634
$\ln p_{it}^{m}$	－1. 232***	4. 669	$\ln q_{it}^{m}$	－0. 324***	5. 467
$\ln p_{it}^{D}$	0. 4715*	1. 621	$\ln p_{it}^{D}$	0. 172***	3. 978

续表

农产品进口需求方程			农产品进口供给方程		
变量名	系数值（%）	t	变量名	系数值（%）	t
$\ln p_t$	3.996**	2.928	$\ln(1+t)_{ijt}$	-0.294***	8.055
$\ln Y_t$	1.387***	4.255	$\ln e_t$	-0.348***	7.854
$\ln q^m_{it-1}$	0.254**	2.201	$\ln p^m_{it-1}$	0.793*	1.618
Sargan 检验	0.091	—	Sargan 检验	0.488	—
二阶自相关	0.63	—	二阶自相关	0.42	—

资料来源：依据联合国贸易数据库等资料计算归总。***、**、*分别代表10%、5%、1%的系数水平上显著。

表5-3进口需求和供给模型的总体结果与上文表5-2的预期基本一致，所有的方程系数都满足预期的符号。对于进口需求方程，尤其值得注意的是进口商品需求价格弹性（$\ln P^m_{it}$）为-1.232，且在1%的水平上有效显著，表明进口商品价格上升1个百分点，进口量则下降1.232个百分点。表5-3中的其他变量的系数符号均符合相关经济理论，如中国GDP上升1%，进口量上升1.387%。对于进口供给方程，除了关税前的系数与预期不一致以外，其他系数都是符合预期的，且多数是在1%水平上有效显著。进口供给方程中的进口关税的系数预期大于0，表示进口关税增加，进口商品的价格理应向相同方向增加。但是本书的检验结果系数却是-0.294，表明关税水平的上升却导致进口商品的价格下降，与相关理论相违背，也即中国农产品关税对进口的影响不显著。上述结论与现有研究（张莉琴，2005；钟钰，2008；卢东伟，2008；张弛，2011等）是吻合的。入世至今中国农产品关税已降至承诺的终点，中国农产品关税税目档次不多且产品间税率差别不大，农产品名义保护率低而实际保护率更低，进而中国农产品进口直接受到关税的影响较少，更多受到名目繁多的非关税贸易壁垒影响，这也使得本书对量化中国农产品非关税贸易壁垒具有现实意义。

本书研究的目的是为了量化 HS6 分位农产品所面临的非关税贸易壁垒，进而需要分别计算 HS6 分位农产品的分类进口需求弹性。因 HS6 分位农产品近千种，故表 5－4 给出了简单归总后的农产品进口需求弹性。

表 5－4　　　　分类农产品进口需求弹性

农产品类别		HS 编码	弹性	农产品类别		HS 编码	弹性
谷物产品	麦类	1001－1004	－1.47	畜产品	活动物	01 章	－1.82
	稻谷	1006	－0.31		肉及食用杂碎	02 章	－1.41
	玉米	1005	1.59		乳蛋蜂蜜	04 章	－4.99
	高粱	1007	－1.13		其他动物产品	05 章	－1.03
	其他谷物	1008	－0.72		动物脂	1501－1506	－0.82
	制粉工业产品	11 章	3.87		肉制品	1601－1603	－1.54
	谷物制品	19 章	－1.25	水产品	鱼、甲壳动物、软体及其他脊椎动物	03 章	－1.86
油料产品	油籽、子仁	1201－1208	－1.66		鱼制品	1604－1605	－1.45
	植物油脂	1507－1515	－2.24		鱼及海生哺乳动物油脂及分离物	1504	－0.96
园艺产品	活树	06 章	－0.77	其他农产品	糖及食糖	17 章	1.87
	蔬菜	07 章	－1.69		杂项食品	21 章	1.87
	水果	08 章	－0.99		食品工业的残渣、配制的动植物饲料	23 章	－2.75
	咖啡、茶	09 章	－1.71		饮料酒及醋	22 章	4.19
	虫胶、树胶	13 章	－0.58		精制食用油脂	1516－1522	－2.59
	编织用植物材料	14 章	－0.82		棉麻	5201－5203，5301、5302	－1.65
	可可及其制品	18 章	－1.16		羊毛及动物毛	5101－5103	0.39
	蔬菜水果制品	20 章	4.58		生皮	4101－4103	－0.81
	烟草	24 章	1.76		生毛皮	4301	－0.57
	其他园艺产品	1209－1214	－1.91		蚕丝	5001－5003	－2.92

资料来源：依据联合国贸易数据库等资料计算归总。

需求弹性大于1表示具有弹性，需求弹性小于1表示缺乏弹性。一般而言，生活必需品都是缺乏弹性的，大部分的农产品尤其是粮食也属于生活必需品，理应也是缺乏弹性的，即在短期内，其需求量不会有很大改变。表5－4显示了适当分类加总后的数据，从中可看出，除少数产品（如稻谷、活树、水果、动物脂等）外，中国进口的农产品全部是富有弹性的。不仅如此，表中的玉米、制粉工业产品、糖及食糖、饮料酒及醋、蔬菜水果制品、烟草等弹性仍为正数，意味着进口农产品的价格上升，将带来进口量的同向变动，这也和一般的需求弹性相悖。

文中测算的中国农产品进口需求弹性结果与理论相悖，是由中国农产品进口结构的特殊性决定的。中国进口农产品中大宗农产品占据了大部分份额，但其比重一直呈下降趋势，而非食用动物产品、水产品、园艺类产品等其他产品的比重都呈上升趋势。这意味着现阶段中国农产品进口的刚性原则使得进口需求弹性出现异常。从中国现阶段农业生产技术条件和实际成本构成看，大宗农产品基本属于土地投入相对密集的土地密集型农产品，而鱼类产品和园艺类产品则属于劳动投入相对密集的劳动密集型产品。中国具有明显比较优势的产品是劳动密集型产品且优势呈上涨趋势，而土地密集型产品却显示了比较劣势且劣势程度在不断增加。表5－4显示劳动密集型农产品（肉类产品、蔬菜水果产品和水产品等）与土地密集型农产品（玉米、小麦、水稻、糖类等）的进口需求弹性的不规则性。

（二）中国农产品非关税贸易措施的关税等值

将进口需求弹性等数据代入公式（5－5）、公式（5－6），两阶段最小二乘估计可得到中国农产品的非关税贸易壁垒的等值附加值，结果如表5－5所示。

表 5 – 5　　分类农产品非关税贸易壁垒与国内支持量化值

农产品类别		HS 编码	$e^{\beta^{Core}}-1$	β^{DS}	ave^{Core}	ave^{DS}
谷物产品	麦类	1001 – 1004	– 0. 423	– 0. 6989	0. 288	0. 475
	稻谷	1006	– 0. 216	– 0. 8721	0. 697	2. 813
	玉米	1005	– 0. 521	– 0. 7663	– 0. 328	– 0. 482
	高粱	1007	– 0. 321	– 0. 0311	0. 284	0. 028
	其他谷物	1008	– 0. 288	– 0. 0203	0. 4	0. 028
	制粉工业产品	11 章	– 0. 213	– 0. 0107	– 0. 055	– 0. 003
	谷物制品	19 章	– 0. 192	– 0. 0573	0. 154	0. 046
油料产品	油籽、子仁	1201 – 1208	– 0. 106	– 0. 0994	0. 064	0. 06
	植物油脂	1507 – 1515	– 0. 119	– 0. 0819	0. 053	0. 037
园艺产品	活树	06 章	– 0. 172	– 0. 0188	0. 223	0. 0244
	蔬菜	07 章	– 0. 101	– 0. 0231	0. 059	0. 014
	水果	08 章	– 0. 186	– 0. 0342	0. 188	0. 035
	咖啡、茶	09 章	– 0. 211	– 0. 0789	0. 123	0. 046
	虫胶、树胶	13 章	– 0. 312	– 0. 0234	0. 538	0. 041
	编织用植物材料	14 章	– 0. 437	– 0. 0191	0. 533	0. 023
	可可及其制品	18 章	– 0. 415	– 0. 0672	0. 358	0. 058
	蔬菜水果制品	20 章	– 0. 143	– 0. 0177	– 0. 031	– 0. 004
	烟草	24 章	– 0. 117	– 0. 0116	– 0. 066	– 0. 007
	其他园艺产品	1209 – 1214	– 0. 338	– 0. 0243	0. 177	0. 013
畜产品	活动物	01 章	– 0. 421	– 0. 0122	0. 231	0. 007
	肉及食用杂碎	02 章	– 0. 335	– 0. 0417	0. 237	0. 029
	乳蛋蜂蜜	04 章	– 0. 512	– 0. 1436	0. 103	0. 028
	其他动物产品	05 章	– 0. 401	– 0. 0897	0. 389	0. 087
	动物油脂	1501 – 1506	– 0. 267	– 0. 0756	0. 326	0. 092
	肉制品	1601 – 1603	– 0. 478	– 0. 0345	0. 310	0. 022

续表

农产品类别		HS 编码	$e^{\beta^{Core}}-1$	β^{DS}	ave^{Core}	ave^{DS}
水产品	鱼、甲壳动物、软体及其他脊椎动物	03 章	-0.307	-0.0265	0.165	0.014
水产品	鱼制品	1604-1605	-0.298	-0.0242	0.206	0.017
水产品	鱼及海生哺乳动物油脂及分离物	1504	-0.183	-0.0171	0.191	0.018
其他农产品	糖及食糖	17 章	-0.301	-0.0456	-0.161	-0.024
其他农产品	杂项食品	21 章	-0.231	-0.0101	-0.124	-0.005
其他农产品	食品工业的残渣、配制的动植物饲料	23 章	-0.417	-0.0436	0.152	0.016
其他农产品	饮料酒及醋	22 章	-0.367	-0.0094	-0.088	-0.002
其他农产品	精制食用油脂	1516-1522	-0.111	-0.1081	0.043	0.042
其他农产品	棉麻	5201-5203，5301、5302	-0.245	-0.0993	0.148	0.06
其他农产品	羊毛及动物毛	5101-5103	-0.212	-0.0239	-0.544	-0.061
其他农产品	生皮	4101-4103	-0.303	-0.0178	0.374	0.022
其他农产品	生毛皮	4301	-0.184	-0.0439	0.323	0.077
其他农产品	蚕丝	5001-5003	-0.462	-0.0191	0.158	0.006

资料来源：依据联合国贸易数据库等资料计算归总。

表5-5量化结果表明，通过非关税贸易壁垒阻碍，中国农产品进口贸易受限非常显著。一般而言，进口关税、非关税贸易措施、国内补贴政策会在一定程度上制约着进口，是一种限制进口的不公平贸易政策，进而前文公式（5-2）模型中的核心非关税贸易壁垒 *Core* 与国内支持 *DS* 的系数符号应该为负，代表非关税贸易壁垒的增加阻碍了自由贸易，与进口呈反方向变动，同样国内支持的增加扩大了国内供给的增加，在一定程度上也会减少进口。表5-5第5、第6列量化的结果基本满足预期，大多数量化值为正值，也即非关税贸易壁垒

与国内补贴确实在一定程度上影响了进口。根据前文的定义，非关税贸易壁垒的结果意味着进口产品因贸易壁垒影响，导致价格上升，使得进口农产品无法与中国生产的农产品相竞争，表格中的数据可以进一步用来研究非关税贸易壁垒的影响。

非关税贸易壁垒的量化结果反映了核心非关税贸易壁垒与国内补贴对商品价格的扭曲程度。如表5－5中的麦类的核心非关税贸易壁垒与国内补贴的量化值为0.288和0.475，意味着现行的非关税贸易政策与国内补贴政策扭曲了进口产品国内价格，相当于在原有关税的基础上额外征收了28.8%和47.5%的关税，使得国外廉价产品不能顺利的进口至国内，因此增加了消费者的负担，同时因价格较高导致国内产业的畸形发展，长久将不利于中国农业的发展。此外表5－5中的部分产品（玉米、制粉工业产品、蔬菜水果制品等）量化值为负值，意味着在这些产品上设置的非关税贸易壁垒和给予的国内补贴并未真正有效限制进口，也说明不是所有的非关税贸易壁垒都是有效的保护手段。

表5－6第3列所列的农产品进口总体数量受到非关税贸易措施的数量影响程度是－0.269，两者呈现负相关，非关税贸易措施对农产品进口数量起到一定的抑制作用。中国在不同农产品生产上具有优势与劣势，我们比较表5－6中分类产品与农产品总体数量限制结果，可以看出在中国大宗农产品受到的保护效果高于其他类别的产品。土地密集型大宗农产品如谷类产品算术平均的贸易限制数量效应为－0.311，大于总体水平，而中国相对有优势的劳动密集型农产品贸易限制程度相对较低，如园艺产品为－0.243，说明现有的非关税贸易措施具有较好的针对性保护效果。入世以后，中国农业不具长期比较优势。从理论上讲贸易自由化将促使生产要素从生产劣势产品流向生产优势产品，从农业部门流向非农产业，农产品净进口的地位将不断强化。但是由于中国二元经济结构难以从根本改变，在面对农产品

市场开放带来的冲击时，农业生产资源相对较低的流动性使其难以在短时间内无成本地把生产资源转向其他生产，从而产生了所谓的调整成本。贸易冲击在影响调整成本较大的产业时甚至会威胁到该产业从业者的基本生存，对社会稳定和经济发展都会产生负面影响（朱晶等，2010）。中国现阶段的各类非关税贸易措施的设置能够在一定程度上缓解因市场开放而对中国农业基础的冲击。

表 5－6 第 4 列所列的农业国内生产补贴对农产品进口数量的影响也说明了现有国内补贴能够在一定程度上减少进口数量，尤其值得关注的是中国对谷物产品的国内补贴影响最大，达到－0.351，而国内补贴对中国农产品进口总体平均的数量效应仅为－0.101，说明土地密集型农产品一直是中国的比较劣势产品，大宗土地密集型农产品进口激增，而大量补贴的存在降低其对中国农业生产的冲击。从表 5－6 中可以看出不同农产品现有的国内补贴和非关税贸易措施的现状，考虑到由资源禀赋等因素决定的中国农业竞争力，无论从公平贸易的角度出发，还是从确保农业的持续稳定出发，都应该加强对农业的合理和有效保护。

表 5－6　　分类农产品非关税贸易措施数量效应

农产品类别	HS 编码	β^{Core}	β^{DS}
总体数量效果		－0.269	－0.101
谷物产品	1001－1008、11 章、19 章	－0.311	－0.351
油料产品	1201－1208、1507－1515	－0.112	－0.091
园艺产品	06～09 章、13～14 章、18 章、20 章、24 章、1209－1214	－0.243	－0.032
畜产品	01～02 章、04～05 章、1501－1506、1601－1603	－0.402	－0.066
水产品	03 章、1604－1605、1504	－0.263	－0.023

续表

农产品类别	HS 编码	β^{Core}	β^{DS}
其他农产品	17 章、21~23 章、4301、1516-1522、4101-4103、5001-5003、5101-5103、5201-5203、5301、5302	-0.283	-0.042

资料来源：依据联合国贸易数据库等资料由公式（5-2）、公式（5-3）、公式（5-4）估算。需要说明的是不同农产品计量单位是不同的，因非关税贸易措施导致的贸易数量变动不具可比性，所以表中算术平均数量效应欠缺科学性，但是可以从总体上了解变动趋势。

中国农产品非关税贸易措施实施的总体效果对于中国农业贸易政策制定意义重大，那么现实中实施的各类非关税贸易措施的总体效果到底如何？因中国 HS6 分位农产品进口种类繁多，同一农产品进口又受到多种非关税贸易措施的共同影响，因此需要加总各农产品类别，以及农产品总体受非关税贸易措施保护的效果。由于不同类别的产品计量单位不同，故无法直接比较加总，因此需要将数量影响转化为可比较的价格影响，即关税等值。本书将 HS6 分位农产品的进口需求弹性 ε_i、β_i^{Core} 及 β_i^{DS} 代入公式（5-6）、公式（5-7），将非关税贸易措施的数量效应转化为价格效应，即关税等值，并借鉴 Feenstra（1995）、Kee 和 Nicita（2008）等文献运用贸易限制指数法，按照公式（5-8）对弹性较大的产品类别赋予较大权重，加总计算中国农产品非关税贸易措施限制效果，即贸易限制指数（TRI 指数），运用该指数的大小来判断限制的效果。以 HS6 分位农产品进口量和进口需求弹性为权重加总得到非关税贸易措施对中国所有农产品进口的总体限制效果。非关税贸易措施的贸易限制指数 TRI 数值意味着进口产品因农产品非关税贸易措施的受影响程度，其数值相当于额外征收关税的水平。中国通过非关税贸易措施实施对农产品总体起到的贸易限制和进口保护效果相当于征收了 42.6% 的进口关税，在一定程度上对中国农产品起到了保护作用。然而以贸易量算术平均为权重计算出的数值

26.9%相比，用 TRI 指数方法计算的贸易限制和保护水平要高出不少。其原因就在于贸易量本身就是限制程度的结果，因此限制程度高低往往与贸易量权重大小成反比，从而倾向于低估限制措施的影响。相比之下，以进口量和进口需求弹性为权重的方法运用则可以更为科学地计算限制措施的实际保护效果。

本书所使用的贸易限制指数 TRI 的优势在于能够按照不同研究目标，对相应的 HS6 分位产品组合加总。我们运用同样的分析方法，对受非关税贸易措施约束的农产品按常见分类进行测度，结果如表 5 -7 所示。

表 5 -7　　分类农产品非关税贸易措施限制效果

农产品类别	HS 编码	TRI 数值	农产品类别	HS 编码	TRI 数值
谷物产品		0.457	畜产品		0.415
麦类	1001 - 1004	0.426	活动物	01 章	0.245
稻谷	1006	0.697	肉及食用杂碎	02 章	0.392
玉米	1005	0.315	乳蛋蜂蜜	04 章	0.254
高粱	1007	0.284	其他动物产品	05 章	0.359
其他谷物	1008	0.4	动物油脂	1501 - 1506	0.302
制粉工业产品	11 章	0.343	肉制品	1601 - 1603	0.548
谷物制品	19 章	0.542	水产品		0.201
油料产品		0.409	鱼、甲壳、软体及其他脊椎动物	03 章	0.171
油籽、子仁	1201 - 1208	0.422	鱼制品	1604 - 1605	0.474
植物油脂	1507 - 1515	0.387	鱼及海生哺乳动物油脂及分离物	1504	0.191
园艺产品		0.198	其他农产品		0.432

续表

农产品类别	HS 编码	TRI 数值	农产品类别	HS 编码	TRI 数值
活树	06 章	0.443	糖及食糖	17 章	0.588
蔬菜	07 章	0.145	杂项食品	21 章	0.211
水果	08 章	0.207	食品工业的残渣、配制的动植物饲料	23 章	0.357
咖啡、茶	09 章	0.368	饮料酒及醋	22 章	0.462
虫胶、树胶	13 章	0.487	精制食用油脂	1516 – 1522	0.247
编织用植物材料	14 章	0.451	棉麻	5201 – 5203, 5301、5302	0.684
可可及其制品	18 章	0.338	羊毛及动物毛	5101 – 5103	0.328
蔬菜水果制品	20 章	0.187	生皮	4101 – 4103	0.149
烟草	24 章	0.641	生毛皮	4301	0.323
其他园艺产品	1209 – 1214	0.275	蚕丝	5001 – 5003	0.406

资料来源：依据联合国贸易数据库等资料由式（5 – 7）按常见分类归总计算。

表 5 – 7 中非关税贸易措施限制结果表明，现有非关税贸易措施对中国农产品进口贸易阻碍效果较显著。从表中数据结果来看，受约束显著的产品有谷类产品、糖及食糖、烟草及烟草制品等几大类产品，贸易限制指数 TRI 在 0.5 上下变动，贸易限制指数 TRI 数值越高，意味着非关税贸易措施对该农产品的保护效果越好。同样在表 5 – 7 中也有部分农产品的贸易限制指数 TRI 数值较低，如园艺产品、水产品等，在 0.2 上下，对农产品的进口限制水平较低。可以看出中国在不同农产品进口上实施了差别性的非关税贸易限制措施，在一定程度上符合了中国农业生产的特征。从表 5 – 7 中可以看出大宗农产品等土地密集型农产品的进口限制较强，其贸易限制指数 TRI 较高，而劳动密

集型农产品进口限制较弱，这体现了中国现有农产品贸易政策在当初制定时考虑了中国要素禀赋和不同农产品的国际竞争力等特征。从表5－7和本书测算得出的总体效果对比来看，中国农产品整体贸易限制指数TRI数值与表5－7中的数值相比较，可知在中国有优势的竞争力较强的农产品的贸易限制指数（如园艺产品0.198、水产品0.201等）数值小于整体水平0.426，在中国对有丰裕要素的劳动密集型产品的非关税贸易措施的保护效应较弱。与之对应，对土地、资本密集型农产品的保护效应相对而言较强，这一点在粮食产品上有较明显的体现。对比表5－6和表5－7中的结果还可以发现，贸易限制指数的结果更能反映中国农产品进口结构。表5－6中的园艺产品和水产品的数量效应的绝对值分别为0.402和0.263，而表5－7中的TRI数值分别为0.198和0.201，对于中国有国际竞争力的园艺产品而言，因不同细类产品的进口量和进口需求弹性的差异，导致了TRI数值低于算术平均的数量效应很多；而表5－7中谷物产品却与之相反，贸易限制指数TRI数值较高为0.457，比表5－6中的贸易限制数量效应绝对值0.311高出很多。这再一次证实了以贸易数量为权重的方法往往由于扭曲了实际限制水平和贸易量之间的对应关系，造成实际的非关税贸易措施保护水平估计不准确的结果。

（三）中国农业贸易政策调整效应

入世十多年中国农业贸易政策组合调整的综合效应如何，本书在安德森和内亚里（Anderson and Neary；2007）和朱晶等（2012）等文献的基础上运用贸易限制指数对政策组合的所有农产品总体效应做进一步的研究，结果如表5－8所示。

表 5-8　1995~2011 年中国农业贸易政策调整的分类产品效果和总体效果

品种		1995~1997	1998~2000	2001	2002~2003	2004~2005	2006~2007	2008~2009	2010~2011
土地密集	小麦	0.27	0.24	0.18	0.19	0.16	0.13	0.12	0.10
	稻谷	0.34	0.30	0.22	0.23	0.20	0.16	0.15	0.13
	大豆	0.26	0.23	0.17	0.18	0.15	0.12	0.12	0.10
	食糖	0.19	0.17	0.12	0.13	0.11	0.09	0.09	0.07
	植物油	0.02	0.02	0.02	0.02	0.01	0.01	0.01	0.01
	玉米	0.10	0.09	0.07	0.07	0.06	0.05	0.04	0.04
	棉花	0.32	0.27	0.21	0.22	0.18	0.15	0.14	0.12
劳动密集	蔬菜	0.08	0.07	0.05	0.05	0.04	0.04	0.04	0.03
	水果	0.15	0.13	0.10	0.10	0.09	0.07	0.07	0.06
	肉类	0.03	0.02	0.02	0.02	0.02	0.01	0.01	0.01
	水产品	0.08	0.07	0.05	0.05	0.04	0.04	0.04	0.03
总体		0.57	0.42	0.32	0.24	0.22	0.19	0.15	0.14

注：表头“年份”横跨各年份列。

资料来源：依据联合国贸易数据库、《海关统计年鉴》等资料计算而得。表中所列数据为入世前 1995~1997 年、1998~2000 年间隔三年平均值，入世后 2002~2003 年、2004~2005 年、2006~2007 年、2008~2009 年、2010~2011 年间隔两年平均值。表中分类农产品的效果由公式（5-8）得到，表中最后一行农业贸易政策调整的总体效果是依据贸易限制指数公式计算而得。

入世后，中国认真履行农业入世承诺，不断降低农产品市场准入水平，将农产品平均关税税率由入世前的 17.9% 降到 2004 年的 15.4%，逐步取消了一些非关税壁垒，建立农产品进口关税配额管理制度，承诺取消农产品出口补贴。至 2010 年中国入世的降税承诺全部履行完毕，关税总水平降为 9.8%，其中农产品平均税率降为 15.2%，成为世界上农产品关税水准最低的国家之一。从表 5-8 可以看出，入世前后中国分类农产品和农产品整体的限制都有显著降低，中国严格地履行了入世农业承诺。依据中国农业生产优势差异，中国农业贸易政策变动有一定的针对性：对事关中国粮食安全的土地密集型农产品小麦、稻谷、玉米等产品由入世前1995～1997年的平均水平0.27、0.34、0.1降为2010～2011年的0.1、0.13、0.04，降幅分别达到62%、61%、60%；在劳动密集型农产品上也具有显著变化，所有产品的降幅都在60%左右。表5-8最后一行所列的中国农产品总体保护水平已由入世前1995～1997年的平均水平0.57降为2010～2011年的0.14，降幅达到75%，说明在农产品进口关税削减、执行进口配额、非关税贸易措施调整等方面已经切实履行了入世承诺。表5-8显示的中国农业贸易政策组合的农产品总体效应接近14%，远远低于发展中国家成员的情况，与发达国家相近。通过表5-8结果对比可知，中国对不同农产品的贸易政策是有适度差别的，在被普遍认为不具有优势的产品上（棉花、大豆等）的政策效果要高于其他农产品，原因在于这些传统产品在生产上虽然不具有竞争优势，但其产业结构、布局的调整是一个缓慢过程，从变动趋势上来看一直在迈向自由化。

（四）中国农产品新要素贸易条件

入世十多年中国农业贸易政策在遵循比较优势现状的基础上进行了科学组合，能够发挥竞争优势。然而中国农产品贸易规模的扩大并不意味着中国一定从中获得利益，只有结合贸易条件才能正确评价农业贸易政策组合引致的贸易规模变化是否真正获益，进而从福利变动视角科学评判入世十多年中国农业贸易政策调整的效果。贸易条件是反映一国对外交换利益变动的一个重要指标，直接涉及各国的贸易利益。中国农产品中活劳动所占比重远远高于世界平均水平，中国出口的农产品仍是劳动密集型商品，而世界其他农产品出口大国的农产品多是资金或技术密集型商品，这决定了进出口商品要素生产率相差甚远。中国农产品贸易条件的恶化趋势实际反映的是要素生产率水平差异，生产率水平越高，商品的国际竞争力越强，贸易条件将得到改善，分享贸易利益将越多。此外，由于中国农业贸易政策组合调整改变了贸易量，用一般贸易条件指数就不能表示贸易条件是否合理，须用双要素贸易条件指数才能正确地反映农产品贸易条件的变化。因此本书基于劳动效益构建新要素贸易条件（公式（5－10）、公式（5－11）），能够结合中国要素禀赋特征评价农产品贸易的收益，结果如表5－9所示。

表5－9　　1995～2011年中国农产品新要素贸易条件

品种		年份							
		1995～1997	1998～2000	2001	2002～2003	2004～2005	2006～2007	2008～2009	2010～2011
土地密集	小麦	0.27	0.32	0.27	0.21	0.36	0.15	0.13	0.27
	稻谷	0.53	0.26	0.55	0.09	0.19	0.55	0.19	0.19
	大豆	0.50	0.65	0.87	0.56	0.14	0.60	0.24	0.16
	食糖	0.23	0.20	0.11	0.35	0.26	0.46	0.25	0.08
	植物油	0.39	0.33	0.64	0.57	0.11	0.90	0.60	0.33
	玉米	0.26	0.39	0.01	0.18	0.24	0.33	0.19	0.21
	棉花	0.25	0.28	0.52	0.55	0.21	0.31	0.23	0.23
劳动密集	蔬菜	0.87	1.23	0.83	0.94	0.58	0.97	1.66	1.43
	水果	1.58	1.61	1.12	1.37	1.26	1.26	1.65	1.35
	肉类	1.32	1.27	1.44	1.04	1.32	1.40	1.25	1.28
	水产品	1.26	1.30	1.28	1.25	1.22	1.41	1.17	1.32

资料来源：依据联合国贸易数据库、《海关年鉴》等资料计算而得。其中每列数据为入世前1995～1997年、1998～2000年的三年平均值，入世后2002～2003年、2004～2005年、2006～2007年、2008～2009年、2010～2011年的两年平均值。

入世后，中国关税和关税配额等措施的调整，国内外各种生产要素生产率的差异，以及国外价廉物美的农产品进入中国市场，导致国际农产品价格上升。表5－9中土地密集型农产品的新要素贸易条件逐步恶化，最为显著的是大豆产品，由入世前的0.65下降为0.16，而其他产品无一例外地出现贸易条件先上升后下降的情况，说明中国土地密集型农产品的比较优势在入世后面临国外优势产品竞争时逐步丧失。正如上一章研究结果显示的国内资源成本在上升，而竞争力下降，进而随着入世的不断深入，中国在土地密集型农产品上的贸易条件还将继续恶化，也印证了中国贸易政策调整的合理性，也可看出政府在相关政策措施上的针对性和科学性。土地密集型农产品有效保护率大于0，出于粮食安全等考虑，中国不得不对土地密集型农产品采取适当有效措施，以降低入世对粮食安全等方面带来的不利影响。由表5-9可知，与土地密集型农产品迥然不同的是蔬菜、水果等劳动密集型产品，因具有较强的比较优势和竞争力，在入世后该类产品的贸易条件呈现上升趋势，在竞争激烈的国际市场上，获益将更多。现行中国农产品贸易结构中，蔬菜、水产品等劳动密集型产品为主要出口产品，粮棉、食用植物油是主要进口产品。中国农业贸易政策组合的变动，对不同农产品贸易条件的影响程度是不一样的，今后中国农业贸易政策调整要建立健全进出口调控机制，逐步放开失去竞争力的产品，积极实施走出去战略，提高统筹利用国内外两个市场两种资源的能力，利用国际市场获取质优价廉产品替代国内生产，调整国内农业生产结构调整，积极参与国际农产品贸易机制构建，以适应入世后期的中国农业比较优势变动。

（五）中国农业贸易政策调整与比较优势变动关系

入世以来中国农业贸易政策在WTO农业协议框架下进行了多次调整，农业贸易政策的效果在表5-8中显示出了逐年下降的趋势，而上一章测算的农业比较优势指数在不同要素密集型农产品上存在变化的差异。那么，中国农业贸易政策调整是否与比较优势的变化保持一致，两者的关系如何，是否按照比较优势的原则进行保护，将是我们关注的重点。为此首先将农业贸易政策调整总体效果和中国农业总体比较优势进行对比分析，然后将不同要素密集型农产品的农业贸易政策调整效果与其比较优势进行对比（如图5－1所示）。

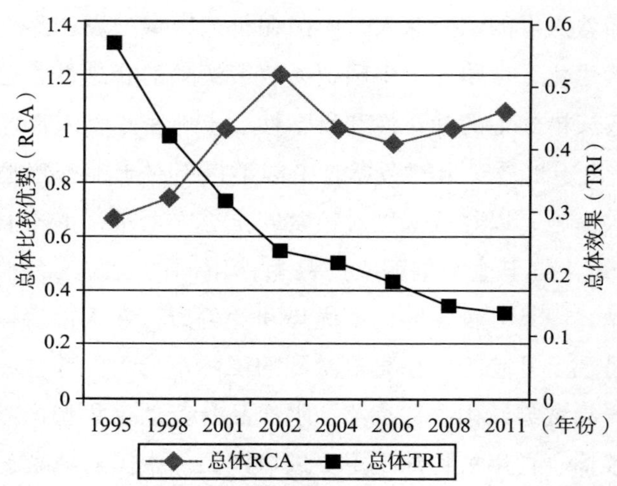

图5－1 中国农产品总体RCA和总体TRI关系

由图5－1可知，中国农业贸易政策调整总体上是合理的，基本按照比较优势原则进行保护。可以看出中国农产品总体比较优势在入世前后呈现显著的差异，2002年之前不断上升，之后经历短暂的下降后基本维持在1上下。而中国农业贸易政策总体效果却呈现持续下降的态势，由入世前的0.5左右下降至不到0.2的水平。一方面，说明中国确实按照入世承诺扩大了市场准入；另一方面，也说明中国农业贸易政策符合了开放条件下的比较优势的保护原则。为了进一步探讨中国农业贸易政策调整与农业比较优势的变化，本书将按照前文设定的简单线性回归模型，从农业总体和不同要素密集型农产品两个层面进行实证分析（如表5－10所示）。

表 5－10 中国农业贸易政策调整效果与比较优势回归结果

品种类别		α	β	R^2	DW	F
农产品总体		0.7598	－0.5608	0.578	1.949	20.549
土地密集型	小麦	0.0061	－0.0343	0.928	2.592	83.898
	稻谷	－0.0028	－0.0089	0.929	2.416	85.719
	大豆	0.0063	0.0452	0.919	2.807	74.354
	食糖	0.0028	－0.0041	0.902	2.596	59.723
	植物油	0.0001	－0.0025	0.779	1.981	22.999
	玉米	－0.0024	0.0015	0.941	2.364	103.591
	棉花	0.0039	0.0041	0.934	2.924	93.438
劳动密集型	蔬菜	0.0818	－0.0199	0.738	1.189	42.293
	水果	－0.0019	－0.002	0.929	2.98	86.239
	肉类	0.0014	－0.0001	0.774	2.208	22.238
	水产品	0.0873	－0.0149	0.625	1.53	24.967

从模型总体来看，图 5－1 显示了农业贸易政策调整效果与比较优势负相关，在 1995～2011 年时间区间内，随着农产品比较优势的变化，中国农业贸易政策调整效果出现相反的变化；表 5－10 的变化趋势也显示了这一特点，随着入世的不断深入，比较优势和农业贸易政策调整效果之间的差距越来越大。此外表 5－10 也显示了不同要素密集型农产品的比较优势和农业贸易政策调整的关系，数值在一定程度上反映了不同要素密集型农产品之间的区别。就土地密集型农产品而言，除了大豆、玉米、棉花三种作物外，其他农产品的比较优势与农业贸易政策调整呈现负相关。表中数据意味着伴随小麦、稻谷等农产品比较优势下降，中国农业贸易政策的调整效果在加强，原因在于这些土地密集型农产品的比较优势的变化关系到中国的粮食安全，尽管比较优势出现了下降，但是出于粮食安全等目的，中国农业贸易政策对其保护的效果在加强。而大豆、玉米、棉花三种土地密集型农产

品的比较优势的变化与农业贸易政策调整正相关，除了玉米具有一定比较优势外，大豆和棉花具有比较劣势。大豆和棉花两种农产品的贸易现状也在一定程度上揭示了中国政府放开国内不具优势的农产品生产，将有限的资源用于具有优势的农产品生产，充分利用国外优质资源弥补国内不足，符合比较优势所决定的国际分工格局，显示了不同土地密集型农产品政策的差异性。而表 5 - 10 中的劳动密集型农产品则完全呈现为负相关，农业贸易政策调整效果随着农产品比较优势增强而下降，其政策调整是合理的。综上分析，中国农业贸易政策调整效果随着农产品比较优势的变化和农产品自身特性而呈现一定的差异性，对少数关系国计民生的大宗产品在比较优势下降的时候实施了具有一定保护水平的农业贸易政策，而对具有比较优势的劳动密集型农产品则降低了农业贸易政策的保护性。由此可以看出，中国农业贸易政策调整基本符合比较优势保护原则。从表 5 - 10 中的中国主要农产品比较优势和农业贸易政策保护程度来看，中国比较优势较强的农产品农业贸易政策保护水平较低，而不具有比较优势的农产品的农业贸易政策保护程度较高，同时对比分析受到较高保护水平的具有比较劣势的农产品其没有从根本上提升其比较优势，也没有体现出农业贸易政策上的效率缺失，应当进行调整。

四、本章小结

本章分析了中国农业贸易政策调整的效果，在此基础上比较研究了农业贸易政策和比较优势的关系，系统测算了 1995 ~ 2011 年中国农业贸易政策调整的分类农产品和农产品整体效应，并在此基础上计算了入世十多年中国农产品新要素贸易条件。研究结果表明入世十多年中国农业贸易政策组合的调整效应比入世前有显著变化，农产品贸易更加自由化，中国已经实现了入世的承诺；中国多数农产品新要素贸易条件也呈现上升趋势，中国农业并未因入世而获得较差的贸易福利。同时对农产品总体和不同农产品种类的农业贸易政策调整效果和比较优势变化间的关系进行了定量识别，显示了中国对于比较优势大的和不需要保护的农产品，按比较优势原则设置了较低水平的农业贸易政策，而对于那些处于比较劣势，需重点保护的产品则设置了较高保护水平的农业贸易政策，研究结果显示中国农业贸易政策制定基本符合比较优势原则。根据比较优势原则，在不影响中国粮食安全条件下，可以适当进口缺乏比较优势的产品，以缓解中国资源的不足影响。

本章研究可得出的结论是合理的农业政策调整应该是对具有比较劣势且需重点保护的产品实施较高水平的保护，而对于具有比较优势的或不需要特别保护的产品应设置较低保护。而在 WTO 农业协议框架下的一国农业保护水平可由边境贸易措施和国内政策措施共同实施达到。中国入世后所做的市场准入和国内政策调整都是围绕农业协议展开的，但发达国家的发展经验表明，许多农业政策措施强化或弱化了比较优势的作用，从而影响了农业政策调整效应，那么中国农业政策的调整是否存在违背农业比较优势原理的现象，下一章将研究中国不同农业部门农业政策调整的效应，辨别进口竞争和出口部门的农业政策措施调整效应的区别。

第六章

中国不同农业部门农业政策调整效果研究

一、引言

加入 WTO 正式成员后，中国农业迎来了新的挑战和机遇。1992 年中国农业关税平均水平为 42.2%，2000 年降到 20%。2011 年农产品平均税率为 15.2%，仅为世界农产品平均关税 62% 的 1/4，中国已成为世界上农产品关税总水平最低的国家之一。与此同时国内政策措施也由过去的价格措施和对中间环节的补贴措施，开始转向综合的、符合 WTO 规则的措施，转向加强农业基础设施建设、减免税收、对农民实行直接补贴等政策措施，进而中国农产品非关税贸易措施和国内支持措施都在 WTO 规则范围内大幅度降低。中国农业政策目标和措施逐渐从过去解决农业资源供需向增加农民收入、提高农业综合生产能力和农业竞争能力等方面转变。入世后中国在农产品自由贸易方面的承诺大于其他发展中国家，所有的承诺都预示着对农业保护的减弱。

中国农业的主体依然是以粮食安全为核心的生计型农业，农业承担着大量的社会环境功能。中国农业政策涵盖面较广，入世前后农业政策调整的正负面影响可能同时存在，尽管入世承诺农业国内支持总力度不会超过8.5%，然而实际上中国长期对农业的支持处于负的水平，中国农业支持水平符合WTO规定和中国入世承诺。入世带给中国农业发展机遇与挑战并存：一是接受WTO《农业协定》中关于市场准入、减少国内支持和出口补贴等规定的约束；二是履行入世谈判中关于逐步降低进口关税，减少非关税壁垒、开放农产品市场的承诺。面对机遇与挑战，一方面，中国要抓住机遇加快农业自身发展；另一方面，要加强政府对农业的支持与保护，积极应对挑战。入世十多年来，中国农业政策目标与措施的变化，反映了中国经济社会发展状况的变化，同时也反映了国际农业政策的大趋势。中国农业支持政策本质在于中国农业和农村经济的自身特征。中国土地稀缺而劳动力丰富的自然禀赋条件，导致国内土地密集型产品生产成本居高不下。但同时，随着国际市场对中国的进一步开放，国内劳动力密集型农业和非农业部门将会获得更多的出口机会。

那么随着入世农业政策的调整，中国具有进口竞争劣势和出口竞争优势的两大农业部门（进口竞争部门和出口部门）在政策调整中将会受到什么样的影响？应该如何量化不同部门农业政策调整的效果？当存在边境税、补贴、或数量限制，甚至存在农产品国内生产者或消费者税收或补贴时，传统的衡量指标如进口竞争商品名义关税保护率可能低估扭曲的程度，尤为严重的是在权重加总过程中可能会隐藏同一部门不同产业间的扭曲差异。因此，面临将来农业政策改革与选择时首先要对过去政策组合的效应做出科学的评判。

二、分析框架

OECD（2008）等研究提供的基于发达国家国内边境价格比较的

生产者和消费者名义支持率估计（PSE、CSE）、安德森（1999、2008、2010）等概括的可用于世界发展中国家和发达国家可比较的世界银行新的生产者名义保护率和消费税等价（NRAs、CTE）等都可能是一个较好的指标，这些估算可以用在 CGE 模型中提供现实扭曲政策的真实贸易和福利扭曲指标，但是这些模型仅仅得出某一时期的结果，无法反映政策调整带来的动态效果。由 Anderson，Neary and Feenstra 等提出的发展贸易限制指数，能较好反映政策调整所致的国内外价格扭曲的贸易福利和贸易量影响，且能形成时间序列结果。同时贸易限制指数也可以解决不同产品不同措施调整效果的加总难题，不仅能够反映进口限制等边境贸易措施影响，还能涉及国内政策调整对生产者和消费者价格的扭曲等。安德森（Anderson，2010）、劳埃德（Lloyd，2009，2010）、克罗赛尔（Croser，2010）等已有文献定义了政策调整所致的贸易量削减指数（TRI）和贸易福利削减指数（WRI），分别测算了所有农业和农产品政策的消费者和生产者扭曲的贸易福利和贸易量扭曲效果。为了测算中国农业政策调整对不同农业部门的贸易量和贸易福利的影响，本书将采用劳埃德（2010）、安德森（2010）等方法，首先，研究中国农业政策调整对中国农业进口竞争部门的影响，其次，扩展到中国农业出口部门。

（一）农业进口竞争部门贸易限制指数

假设考虑一个市场完全竞争的开放小国，其进口商品市场却因关税和非关税等边境贸易措施或国内补贴和价格控制等国内政策措施的变动而对进口商品的价格产生扭曲，进而这些政策的调整可能进一步影响一国的进口数量，最终影响其贸易福利。考察一国可能扭曲生产和贸易结构的农业政策调整的进口量效应，本书主要采用贸易量限制指数（TRI）来衡量这种政策调整所引致的进口限制效果。也就是说如果用测算出的贸易量限制指数作为统一关税限制形式，替代现实中所有的边境贸易措施和国内政策措施，其关税水平所起到的效果将等同于现实中起作用的各种政策实施的效果。

先考虑市场只有一种农产品，其价格和市场可能受到农业边境贸易政策措施和国内农业政策措施的变动而造成国内外价格的政策性扭曲。这些政策可能是一些关税和非关税的边境贸易政策，也可能是一些国内税费，这些政策的调整将对一国的生产者和消费者产生影响（如图 6－1 所示）。假设某种农产品生产者价格为 p_i^p，其与边境价格 p^* 的关系是 $p_i^p = p^*(1+s_i)$，s_i 是相应的生产者价格扭曲率；某种农产品消费者面临的国内价格为 p_i^C，其与边境价格 p^* 的关系是 $p_i^C = p^*(1+r_i)$，r_i 是相应的消费者价格扭曲率。一般情况下 s_i 不等于 r_i。基于上述价格关系，可得市场进口量的改变为：

$$\Delta M_i = p_i^* \Delta x_i - p_i^* \Delta y_i = p_i^{*2} dx_i/dp_i^C r_i - p_i^{*2} dy_i/dp_i^P s_i \qquad (6-1)$$

公式（6－1）中的需求与供给数量均简化为需求与供给的自价格函数，而忽视了交叉价格弹性。严格来说公式（6－1）的结果仅仅对于较小的扭曲成立，而现实中的扭曲可能较大。然而如果需求与供给方程是价格的线性函数，公式（6－1）中对进口的影响与需求和供给曲线的斜率有关 dx_i/dp_i^c、dy_i/dp_i^p，如果不是线性函数，则可以近似的表示。

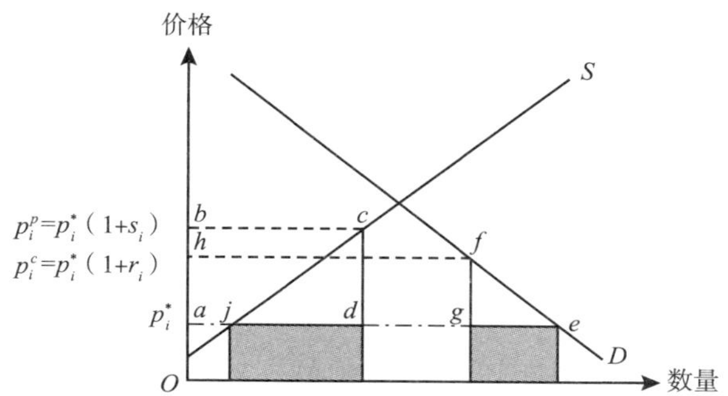

图 6－1　进口竞争部门贸易量与贸易福利损失

若一国进口竞争部门有 n 种农产品面临不同农业政策调整所带来的不同程度的市场扭曲，在不考虑交叉价格影响的情况下，一国农业政策调整对 n 种农产品进口贸易量的总效果为公式（6－2）：

$$\Delta M = \sum_{i=1}^{n} p_i^{*2} dx_i / dp_i^C r_i - \sum_{i=1}^{n} p_i^{*2} dy_i / dp_i^P s_i \qquad (6-2)$$

如果设定一个关税等值（T），替代现实中所有的农业边境贸易措施和国内政策措施，关税等值（T）能产生等同于现实中起作用的各种边境贸易政策和国内政策实施的数量效果。那么公式（6－2）可以改写为：

$$\sum_{i=1}^{n} p_i^{*2} dx_i / dp_i^C r_i - \sum_{i=1}^{n} p_i^{*2} dy_i / dp_i^P s_i = \sum_{i=1}^{n} p_i^{*2} dm_i / dp_i T \qquad (6-3)$$

通过求解可得：

$$T = \{Ra + Sb\} \qquad (6-4)$$

其中：

$$R = [\sum_{i=1}^{n} r_i u_i],\ S = [\sum_{i=1}^{n} s_i v_i] \qquad (6-5)$$

$$u_i = p_i^{*2} dx_i / dp_i^C / \sum_i p_i^{*2} dx_i / dp_i^C \qquad (6-6)$$

$$v_i = p_i^{*2} dy_i / dp_i^P / \sum_i p_i^{*2} dy_i / dp_i^P \qquad (6-7)$$

$$a = \sum_i p_i^{*2} dx_i / dp_i^C / \sum_i p_i^{*2} dm_i / dp_i \qquad (6-8)$$

$$b = -\sum_i p_i^{*2} dy_i / dp_i^P / \sum_i p_i^{*2} dm_i / dp_i \qquad (6-9)$$

公式（6－4）中的 R 和 S 为消费者和生产者价格扭曲的算术平均数的指数，其可基于 n 种农产品的消费者税收等价 CTEs 和生产者名义保护率 NRAs 来计算。显然，公式（6－4）中的统一关税 T 可以写为消费者和生产者价格扭曲水平的加权平均值。公式（6－4）这一分解形式的重要作用在于可以将关税等值（T）分解为生产者和消费者的价格效应，从而可以准确地区分农业政策的调整对参与市场活动的生产者和消费者价格扭曲的差异性。

公式（6－4）中的每种农产品的权重（公式（6－6）、公式（6－7））相对于边境自由贸易价格的变化，等比例于国内生产者（消费者）的边际反应。公式（6－6）、公式（6－7）中的权重可以改写为国内供给和需求价格弹性（贸易保护状态）和其他因素的函数：

$$u_i = \rho_i(p_i^* x_i) / \sum_i^n \rho_i(p_i^* x_i) \tag{6-10}$$

$$v_i = \sigma_i(p_i^* y_i) / \sum_i^n \sigma_i(p_i^* y_i) \tag{6-11}$$

在考察农业政策调整引致的贸易量效应的基础上探讨农业政策措施调整所引致的贸易福利效果。农业政策调整引致的福利效果的推导过程如政策调整引致的贸易量效应一样。农业政策调整首先会直接反映在国内外价格的差异上，进而又会进一步引起进口商品的数量变化。因此，农业政策调整对某种农产品进口所产生的贸易福利损失（记为 L_i）取决于价格和数量的变化，可以写为生产者和消费者剩余变动之和减去关税的收入。进而农业政策调整所引致的生产者和消费者剩余变化可由公式（6－12）表示：

$$L_i = \frac{1}{2}\{(p_i^* s_i)^2 dy_i / dp_i^P - (p_i^* r_i)^2 dx_i / dp_i^C\} \tag{6-12}$$

公式（6－12）和公式（6－1）一样，农产品的需求和供给仍然是自价格弹性的函数。若一国农业政策的调整对 n 种进口农产品造成扭曲，其福利影响可以写为：

$$L = \frac{1}{2}\{\sum_{i=1}^n (p_i^* s_i)^2 dy_i / dp_i^p - \sum_{i=1}^n (p_i^* r_i)^2 dx_i / dp_i^C\} \tag{6-13}$$

现设定一个关税等值（W），替代现实中所有的农业边境贸易措施和国内政策措施，关税等值（W）能产生等同于现实中起作用的各种边境贸易政策和国内政策实施的福利效果。那么公式（6－13）可以改写为：

$$\sum_{i=1}^{n}(p_i^* s_i)^2 dy_i/dp_i^p - \sum_{i=1}^{n}(p_i^* r_i)^2 dx_i/dp_i^C = -\sum_{i=1}^{n}(p_i^* W)^2 dm_i/dp_i \tag{6-14}$$

公式（6－14）中的 W 可以理解为若用关税等值（W）替代现有关税、非关税措施及国内各种措施等，可以产生相同的福利影响，通过求解可得：

$$W = \{R'^2 a + S'^2 b\}^{\frac{1}{2}} \tag{6-15}$$

$$R' = [\sum_{i=1}^{n} r_i^2 u_i]^{\frac{1}{2}}, \quad S' = [\sum_{i=1}^{n} s_i^2 v_i]^{\frac{1}{2}} \tag{6-16}$$

通过公式（6－4）和公式（6－15）计算出的进口竞争行业的 TRI 和 WRI 都可以通过消费者和生产者价格扭曲水平的恰当加权平均构建得到。公式（6－5）、公式（6－16）中的权重相同，但区别在于 TRI 是算术平方根，而 WRI 是二次算术平均，也即政策调整引致的进口贸易量的限制水平与价格扭曲率呈比例变化，而政策调整引致的贸易福利的限制水平则与扭曲率的平方相关。无论农业政策是有利还是有损于农民，只要带来相应的福利于损失，WRI 测算结果都能将其包含其中。

（二）农业出口部门贸易限制指数

一国农业政策的调整不仅对农业进口竞争部门产生影响，也会对出口部门农产品的出口产生正面或负面影响。入世后中国农业部门全面开放，随着市场准入水平的降低和国内政策调整的影响，中国农业政策调整不仅引致那些具有比较劣势部门的贸易限制效果，也会对中国具有比较优势的出口部门产生作用。前文回顾的农业政策调整中的中国农产品出口退税政策可能削减了中国农产品贸易的福利，但是出口退税能够增加中国农产品的出口，而进口关税等措施却削减了贸易量，如果将进出口部门混合计算，可能对结果产生影响。因此有必要将农业政策所引致的生产者和消费者价格扭曲分为进口竞争部门与出口部门分开讨论其政策调整的影响。上文推导的贸易限制指数（TRI、WRI）可以进一步推广至出口贸易部门：在出口部门，一国的出口补贴可能和进口关税的效果一样削减了贸易福利，但是其却增加了贸易量，而进口关税却减少了贸易量。具体方法是将原来的农产品分为进口竞争农产品和出口农产品两类，就出口部门的贸易福利削减指数WRI而言，假设将一国所有可进行贸易的农产品划为两类：一类是1至 n 属于进口竞争农产品，另一类是 $n+1$ 至 z 属于出口贸易农产品。

$$W=\{(R'^2_M\omega_{PM}+R'^2_X\omega_{PX})a+(S'^2_M\omega_{CM}+S'^2_X\omega_{CX})b\}^{1/2} \qquad (6-17)$$

公式（6－17）中的农产品分为进口竞争农产品和出口农产品，其中 w 为进口品和出口品占生产和消费总体价值的百分比，分别由公式（6－18）四个公式得出：

$$\omega_{PX}=\frac{\sum_{i=n+1}^{z}y_ip_i}{\sum_{i=1}^{z}y_ip_i},\ \omega_{PM}=\frac{\sum_{i=1}^{n}y_ip_i}{\sum_{i=1}^{z}y_ip_i},\ \omega_{CX}=\frac{\sum_{i=n+1}^{z}x_ip_i}{\sum_{i=1}^{z}x_ip_i},\ \omega_{CM}=\frac{\sum_{i=1}^{n}x_ip_i}{\sum_{i=1}^{z}x_ip_i} \qquad (6-18)$$

公式（6－17）中既包含进口竞争部门又包含出口部门，首先，对生产者和消费者两个层面分别加总，权重为进出口部门的生产或消费值占所有部门的生产或消费值；其次，在假设生产者和消费者扭曲影响对总体扭曲影响一样的基础上加总得出总体的WRI。同样类似的出口部门的贸易量削减指数可以表示为：

$$T=(R_M\omega_{PM}+R_X\omega_{PX})a+(S_M\omega_{CM}+S_X\omega_{CX})b \qquad (6-19)$$

式（6－19）中的 W、a、b 如前面一样，R_M、S_M 如前文的 R、S，而 R_X、S_X 分别为：

$$R_X=[\sum_{i=n+1}^{z}-r_iu_i],\ S_X=[\sum_{i=n+1}^{z}-s_iv_i] \qquad (6-20)$$

公式（6－20）中以出口部门的生产者和消费者的价格扭曲为加

权平均数，值得注意的是公式（6－20）中的扭曲表现为负值，这和对进口竞争部门的分析正好相反。当进口竞争部门存在较低的消费者价格扭曲 r_i 或者生产者价格扭曲 s_i 将降低等值关税（T），意味着政策对贸易量的影响较小，而出口部门则提高等值关税（T）。原因在于对出口部门的政策引致扭曲，作为负值被考虑进 TRI 指数，出口部门的正（负）价格扭曲具有贸易扩张（缩减）效应。

基于实证视角，为了测算进出口部门的等值关税（T 和 W），本书将要测算公式（6－10）、公式（6－11）中的农产品需求和供给价格弹性。现有国外文献都假设了不同产品的国内供给或需求的价格弹性都相等，即意味着在计算部门不同产品加权时，分子分母中的国内需求价格弹性公式（6－10）和供给价格弹性公式（6－10）可以省略掉，这一有关需求和供给弹性的简化可以简单地计算出生产者和消费者价格扭曲，通过加总产品间消费者（生产者）价格变化，并运用每种产品在没有扭曲时的国内消费（生产）的价值作为权重来加总部门。但是不同产品的需求或供给弹性都相同，似乎在现实中是不成立的，尤其在中国这样一个较为特殊的农业大国。为了使本章结论更加贴近中国农业现状，本书在现有国外研究的基础上进一步测算农产品需求和供给弹性。而对于生产者效应和消费者效应的权重依然与国外研究保持一致，假设一国供给和需求价格边际反应都相等，即 $a = b = 0.5$。

（三）农产品需求与供给弹性

1. 需求弹性

一种农产品的需求量与其影响因素之间的关系可以用需求函数的形式来描述。农产品需求函数的一般形式为：

$$Q_D = F(X_1 X_2 \cdots X_n) \qquad (6-21)$$

其中，Q_D 为因变量，表示某种农产品的需求量；$X_I(I=1,\ 2,\ \cdots,\ N)$

为自变量，分别代表影响该种农产品需求量的各种因素。某种农产品需求弹性的大小，由众多因素共同决定，主要有以下几个方面：①消费者的需求程度。一般情况下，消费者对生活必需品的需求强度大而稳定，需求弹性越小。例如，大米、蔬菜等生活必需品的需求弹性一般都小，属于缺乏弹性的农产品；相反，消费者对非生活必需品（如海鲜、食用蛇等）的需求强度小且不稳定，属于富有弹性的农产品。②农产品的替代品数量及替代程度。如果某种农产品的替代品越多，其替代程度越大，则该农产品的需求越富有弹性。相反，它的需求就缺乏弹性。③农产品本身用途的广泛程度。农产品的用途越广泛，其需求弹性就越大，用途越少，其需求弹性就越小。④农产品在消费者预算中所占比重的大小，消费者的收入水平，消费者调节需求的时间等对农产品的需求弹性也会产生影响。在消费者支出预算中越是重要的农产品，其需求价格弹性就越小；反之，则越大。农产品是人们日常生活所不可缺少的必需品，因此，农产品的需求收入弹性一般较小。在农产品中，肉、禽蛋、奶等产品的需求收入弹性较大，蔬菜、水果等产品次之，谷物产品最小。研究和计算农产品的需求收入弹性对于分析农产品的需求结构及其变化趋势有着十分重要的意义。不同品种农产品对于保障国民基本生活的作用不一样，根据经典需求函数模型，结合影响农产品需求的主要因素，农产品主要取决于价格、消费者的收入以及替代商品的价格。因而，农产品人均消费量可根据以下表达式进行估计：

$$\ln D_i = a_0 + e_1 \ln INC + e_i \ln P_i + e_s \ln(PS_i) + \varepsilon \qquad (6-22)$$

公式（6－22）中，i 代表农产品种类，包括稻谷、小麦、玉米、大豆、油菜籽、棉花、糖料。D 表示本书所涉及的主要农产品人均消费量，根据联合国粮农组织网站数据库中国主要实际消费量除以国内总人口数；INC 为国民人均纯收入，通过城镇居民人均可支配收入乘以城镇人口与农村人口乘以农村居民人均纯收入之和除以全国常住人口，再以 CPI 指数进行平减后得到（数据来自《中国统计年鉴》）；P 和 PS 分别代表考察本书所涉及的主要农产品及其替代品的环比价格指数（数据来自《中国农产品价格调查年鉴》）。根据涉及的主要农产品的主要用途，将稻谷、小麦、玉米三个粮食品种相互选为替代品种，猪肉和禽肉相互为替代品种，水果和蔬菜相互为替代品种。

2. 供给弹性

Nerlove 供给反应模型是目前研究农业供给反应的计量模型中较成熟和应用最成功的模型，许多学者在研究过程中根据实际情况对其进行了改进。此模型假定农户根据预期价格和粮食播种面积对外部刺激作出反应，同时考虑了适应性预期与局部调整理论两方面的特征。在农产品供给反应的研究中，学者一般都假定农产品市场是完全竞争的，市场会自动调整到均衡状态、不考虑市场风险以及农户生产决策具有可分性。根据上述假设条件，由经济理论可知，产品的供给量取决于产品的价格、投入品的价格以及所有固定要素和技术水平。纳洛夫（Nerlove，1956）研究发现，生产者的种植决策不仅受前一期价格影响，同时还会根据以往的经验来修正价格预期，使预期价格接近实际价格，用模型表示为：

$$S_t = \alpha_0 + \alpha_1 P_t^e + \alpha_2 Z_t + \mu_t \tag{6-23}$$

$$P_t^e - P_{t-1}^e = \beta(P_{t-1} - P_{t-1}^e) \tag{6-24}$$

其中，S_t 为 t 时期的实际供应量，P_t^e 为 t 期预期价格；P_{t-1} 为 $t-1$ 期的实际价格；Z_t 为 t 期影响农户生产决策的其他外生变量；μ_t 为随机扰动项；α_i、β 为待估参数；β 为价格预期调整系数（$0<\beta<1$），表示对上年价格预期的偏差信息只有部分被用来调整当年的预期价格；$P_t^e - P_{t-1}^e$ 表示对预期价格的跨期调整；$P_{t-1} - P_{t-1}^e$ 为农户上一年农产品价格预测的偏差。通过对上式的反复迭代，得到 t 年预期价格 P_t^e 的表达式：

$$P_t^e = \beta P_{t-1} + \beta(1-\beta)P_{t-2} + \beta(1-\beta)^2 P_{t-2} + \cdots + \beta(1-\beta)^{t-1} P_0 \tag{6-25}$$

将公式（6－23）、公式（6－24）、公式（6－25）整理可得：

$$S_t = \lambda_0 + \lambda_1 P_{t-1} + \lambda_2 S_{t-1} + \nu_t \quad (6-26)$$

根据农产品供给理论，在一定的生产技术条件下，农民根据收益最大化来制定种植决策。由于土地是农业生产必不可少的投入品，在统一生产季节内农户通常是根据不同作物品种的预期价格和预期利润在不同作物之间分配土地。因此，影响农产品供给的因素除了自身价格外还包括生产成本以及机会成本（即利用既定的土地和劳动力生产替代作物所能获取的最大收益）。其中，生产成本中比重最大的是各种生产资料的投入，这里用生产资料价格来表示主要农产品的生产成本，同时用替代作物的价格表示主要农产品生产的机会成本。考虑到直接对纳洛夫模型进行估计可能导致序列存在自相关和多重共线问题，先对各个变量进行了对数化处理，以确保残差服从正态分布，并直接得到短期的供给弹性。综上分析，本书将建立如下主要农产品品种的供给反应模型：

$$\ln S_{i,t} = \lambda_0 + \lambda_1 \ln P_{i,t-1} + \lambda_2 S_{i,t-1} + \lambda_3 \ln P^m_{i,t} + \lambda_4 \ln P^s_{i,t-1} + \mu_t \quad (6-27)$$

公式（6－27）中，因其不但包含其他的解释变量还包含了因变量的滞后项，所以此模型是动态自回归模型。i 为考察的主要农产品的品种；t 代表考察时期；$\ln S_{i,t}$ 和 $\ln S_{i,t-1}$ 表示经过对数处理过的当期和前一期农产品的供应量（数据来源于历年《中国统计年鉴》）；$\ln P_{i,t-1}$、$\ln P^m_{i,t}$、$\ln P^s_{i,t}$ 分别表示取对数后的前一期农产品的价格、取对数后的当期生产资料的价格指数以及取对数后的前一期替代农产品的价格（数据来源于历年《中国农村统计年鉴》）。此外本书根据数据的可获性及替代程度，每种主要农产品仅选择一种替代产品，将稻谷和棉花的替代作物确定为小麦，小麦和大豆的替代作物为玉米，玉米的替代作物为油菜，油菜籽、甘蔗、甜菜的替代作物为大豆等。

三、结果及解释

（一）需求和供给弹性

1. 农产品的需求价格弹性

根据表6－1的结果，粮食型农产品对价格变化的敏感度要高于其对收入变化的敏感度。在1995～2011年研究时间段内，粮食类农产品（大米、小麦、玉米）需求收入弹性较低，大米和小麦的需求弹性维持在0.05左右，玉米需求弹性略高一些，为0.1312。但是数据显现较为明显的是，粮食类农产品的收入弹性均小于价格弹性，且数值符合一般需求理论，价格上升，需求量下降。但是粮食类农产品的需求弹性均小于1，缺乏弹性，这和粮食是生活必需品的经济学理论也是吻合的。对粮食型农产品的需求中部分可能来自经济增长的拉动性需求，因为当经济较快增长，人民生活水平不断提高，对肉、蛋、奶的需求持续增加，派生了部分粮食作为饲料原料的需求增长，进而拉动国内饲料及养殖业快速发展，这在农业部软科学研究项目中可以体现。

表6－1　　主要农产品需求弹性

需求弹性	ln(*INC*)	ln(*P*大米)	ln(*P*小麦)	ln(*P*玉米)
ln（大米）	0.0527*** (3.912)	－0.5834*** (－8.247)	0.4883* (1.791)	－0.0116 (－0.135)
ln（小麦）	0.0508*** (7.194)	－0.3646* (－1.853)	－0.3112*** (－4.672)	－0.0251 (－0.758)
ln（玉米）	0.1312** (2.277)	－0.1515 (－0.135)	0.1333 (0.135)	－0.0924*** (－4.981)

续表

需求弹性	ln(*INC*)	ln(*P* 大米)	ln(*P* 小麦)	ln(*P* 玉米)
ln（大豆）	0.8665*** (6.872)	-0.1377*** (-8.633)		
ln（猪肉）	0.6104*** (6.956)	-0.7534*** (-17.798)	0.0321*** (3.504)	
ln（禽肉）	0.1558*** (7.438)	0.4289*** (-5.934)	-0.1574** (2.086)	
ln（棉花）	0.0990* (1.658)	-0.1124** (-2.246)		
ln（鲜奶）	0.7510*** (5.191)	-0.1263*** (-9.207)		
ln（水果）	0.5038*** (7.733)	-0.8047*** (4.082)	0.3566** (-2.219)	
ln（蔬菜）	0.0656*** (3.336)	0.7044*** (-11.279)	-0.0920*** (-8.654)	
ln（糖）	0.2246*** (4.071)	-0.08913*** (-9.368)		

注：每个解释变量的系数估计值下面的圆括号里的数字，是估计系数的t统计值。***、**、*分别表示系数的t统计值在1%、5%、10%的水平上显著。

资料来源：笔者计算所得。

表6-1中大豆的需求价格弹性为负数，即为缺乏弹性。中国大豆需求的现实状况较为特殊，大豆在中国需求主要由国内消费、压榨和饲料三个部分组成，其中压榨和饲料是中国大豆消费的主要途径。当大豆价格上升的时候，大豆需求并未出现明显下降，主要在于充足的世界市场供应缓解了国内价格上升的压力。中国是大豆产品的国际主要买家，中国大豆进口量年年递增也说明了这样的现状。大豆的需求收入弹性为正，且接近于1，说明随着收入的增加，大豆需求与收入同比例增长。改革开放后，中国经济发展强劲，人均收入持续增

长，居民对生活质量的要求越来越高，刺激了植物油需求量的不断增加。在中国经济持续增长的大背景下，食用植物油的市场潜力相当大。

表 6－1 中的猪肉和禽肉的收入和价格弹性都小于 1，即无论收入的变化还是价格的变化都较小的影响猪肉和禽肉的需求。禽肉和猪肉需求缺乏收入弹性，且禽肉的收入弹性低于猪肉的收入弹性，意味着动物农产品市场已处在成熟期，市场增长潜力不大。但是表中数据也显示了猪肉和禽肉的交叉需求弹性存在着较大差异，当猪肉和禽肉价格上涨幅度相同时，禽肉和猪肉的需求增加幅度存在显著差异，禽肉需求量上升 0. 4289，而猪肉需求量仅上升 0. 0321，交叉需求弹性的差异可能是由于中国饮食习惯的差异造成的。

表 6－1 中棉花的需求价格和收入弹性都较小，与居民收入、棉花价格变动的关联性不强，这与王兆阳（2004）文献中表 2 的结论（需求弹性为－0. 2）相似。表 6－1 中鲜奶的收入和价格弹性存在明显差异，收入弹性高于价格弹性时，意味着收入水平的提高带动的需求增长的幅度高于价格下降的幅度。同时对比猪肉和禽肉的收入弹性，鲜奶的需求收入弹性较大，且远远高于其他畜产品的需求收入弹性，与陆文聪（2008）结论相似，表明随着城镇居民收入的增加，对鲜奶的消费需求最为敏感，收入增加后，居民将优先考虑购买鲜奶，然后才是猪肉和禽肉等产品。

表 6－1 中的水果的价格和收入弹性比蔬菜的要高一些，水果需求价格弹性为 0. 8047，而蔬菜的价格弹性仅为 0. 092，缺乏弹性；水果的收入弹性 0. 5038，而蔬菜的收入弹性仅为 0. 0656，可见水果的收入弹性相对较高，这表明随着人们收入水平的提高，水果消费增长将更快，水果消费增长的潜力较大。同时表中数据还显示出水果和蔬菜的交叉价格弹性存在明显的差异，水果价格的上升对蔬菜需求的影响较大，其交叉价格弹性达到 0. 7044。表中数据显示水果和蔬菜二者

均属于低弹性食品（弹性绝对值小于1），即价格的降低对消费增加的影响不太大，但相对来说人们对水果价格的敏感性要强于对蔬菜价格的反应，水果消费量的变化更易受到价格的影响。此外交叉弹性也表明蔬菜的消费则主要受到水果价格的影响，即水果价格上涨会导致蔬菜消费明显增加。

表6－1中的糖的需求价格和收入弹性都较低，在食糖的需求结构中，居民消费占30%、工业消费占70%。表6－2中的数据也验证了上述结论，由于居民对食糖消费的价格弹性较低，食糖需求的增长主要依赖于工业需求。

表6－2　主要农作物品种消费的收入弹性和价格弹性

品种	因变量\ 自变量	ln（*INC*）	ln（*P* 稻谷）	ln（*P* 小麦）	ln（*P* 玉米）	ln（*P* 大豆）
粮食	ln（稻谷总消费）	-0.0622	-0.6891	0.5768	-0.0137	0.0567
	ln（稻谷口粮消费）	-0.0230**	-0.1067	0.0861	-0.0068	-0.0104
	ln（稻谷饲用消费）	-0.3055	-5.3599	4.6248	-0.1924	0.6347
	ln（小麦总消费）	-0.0600	-0.4307	-0.3676	-0.0296	-0.0013
	ln（小麦口粮消费）	-0.0717**	-0.1142	0.1006	-0.0346	-0.0026
	ln（小麦饲用消费）	0.1651	-6.8543	2.8285	1.5672	1.6384
	ln（玉米总消费）	0.155***	-0.1789	0.1574	-0.1091	0.1063
	ln（玉米口粮消费）	0.0098	0.4530	-0.3051	-0.1411	-0.0770
	ln（玉米饲用消费）	0.0721***	0.0089	0.0379	-0.1359**	0.0182
	ln（大豆总消费）	0.5510***	0.9895	-0.3900	-0.4314	-0.0956
	ln（大豆口粮消费）	-0.0250	1.3951	-1.2468	0.2799	-0.3848
	ln（大豆饲用消费）	0.2457	8.631	-5.1200	0.2785	-2.4206

续表

品种	因变量\自变量	ln（INC）	ln（P 稻谷）	ln（P 小麦）	ln（P 玉米）	ln（P 大豆）
糖料	ln（糖料总消费）	0.16656***	0.1980			
	ln（糖料食用消费）	0.0555**	0.0372			
	ln（糖料工业消费）	1.9102***	0.8891			

注：***、**分别代表10%、5%的显著性水平上显著。
资料来源：农业部软科学课题报告。

通过对分类农产品的需求价格和收入弹性的实证研究得出，中国农产品需求几乎都缺乏弹性。

2. 农产品的供给价格弹性

由表6-3所示，中国主要农产品的生产中，稻谷生产规模居第一位，自改革开放以来，稻谷年均产量在15000万吨以上，1978～2010年均生产17695.9万吨；玉米次之，年均产量10443.7万吨；小麦排名第三位，年均整长9364.5万吨；之后是甘蔗，年均产量6682.6万吨；大豆年均产量为1273.6万吨；甜菜年均产量为977.8万吨；棉花产量为596.1万吨。从产量的增长速度看，油菜籽增长最快，1978～2010年均增长6.8%，增长速度最慢的是稻谷，年均增长率仅有1.1%。

表6-3　1978～2010年中国主要农产品生产规模　单位：万吨、%

品种	1978～1990年	1991～2000年	2001～2010年	平均
稻谷	16361.9（2.7）	18896.5（0.2）	18229.6（0.9）	17695.9（1.1）
小麦	7747.5（5.1）	10625.3（0.4）	10205.7（2.1）	9364.5（2.4）
玉米	6981.4（4.7）	11069.4（0.8）	14319.1（4.5）	10443.7（3.7）
大豆	986.5（3.2）	1375.8（5.3）	1544.7（-0.2）	1273.6（2.2）

续表

品种	1978～1990年	1991～2000年	2001～2010年	平均
油菜籽	464.6（11.6）	878.9（4.8）	1199.2（1.4）	812.7（6.8）
甘蔗	3901.9（8.7）	7049.5（0.1）	9930.6（3.9）	6682.6（5.3）
甜菜	804.6（15.0）	1314.8（-0.8）	865.9（-1.6）	977.8（3.9）
棉花	376.3（6.3）	445.8（-2.7）	621.2（1.1）	596.1（3.2）

注：括号内的数据为年均增长率。
资料来源：《中国统计年鉴》（1978～2010年），增长率为笔者计算。

从表6-4的估计结果来看，考察的11种主要农产品供应的价格弹性均较小，说明农产品价格变动与农产品产量的关联不强，主要原因是农产品比较利益偏低，农户生产农产品首先是满足自身需求。前一期产量对当期产量影响较大，说明农户做决定时主要受自然条件、固定要素、种植传统等因素的影响；农业生产资料价格对农产品当期产量产生显著的负向影响。替代农产品价格的上升对供给产量的影响较小，这与其他产量主要受前一期供给影响的结论一致。

表6-4　　　　中国主要农产品供应弹性

品种	$\ln P_{i,t-1}$	$\ln S_{i,t-1}$	$\ln P_{i,t}^{m}$	$\ln P_{i,t-1}^{s}$
ln（$S_{大米,t}$）	0.0534** （-2.153）	0.6153*** （-3.1709）	-0.0400** （-2.1492）	-0.0210* （-1.8455）
ln（$S_{小麦,t}$）	0.0052*** （-6.429）	0.7001*** （-7.603）	-0.0625*** （-4.661）	-0.0009*** （-7.438）
ln（$S_{玉米,t}$）	0.0352*** （-5.199）	0.6774*** （-5.931）	-0.1648 （-0.842）	-0.0101*** （-3.079）
ln（$S_{大豆,t}$）	0.1803*** （-21.564）	0.8699*** （-24.352）	-0.2138*** （-28.604）	-0.0387*** （-17.955）
ln（$S_{猪肉,t}$）	0.0041* （-1.304）	0.5159 （-0.275）	-0.4274*** （-17.792）	0.1729*** （-2.856）

续表

品种	$\ln P_{i,t-1}$	$\ln S_{i,t-1}$	$\ln P_{i,t}^{m}$	$\ln P_{i,t-1}^{s}$
ln（$S_{棉花,t}$）	0.0057 （-0.752）	1.4136 *** （-3.047）	-0.3276 * （-1.245）	-0.0172 （-0.177）
ln（$S_{禽肉,t}$）	0.0499 ** （-2.153）	-0.2865 *** （-2.761）	-0.9195 *** （-2.578）	0.0321 *** （-2.722）
ln（$S_{鲜奶,t}$）	0.0106 （-0.481）	0.6341 *** （-3.691）	-0.5167 （-0.711）	-0.2138 * （-1.121）
ln（$S_{水果,t}$）	0.0427 *** （-3.119）	0.9454 *** （-3.279）	-0.4875 *** （-4.3867）	0.0275 ** （-2.3942）
ln（$S_{蔬菜,t}$）	0.3871 ** （-2.3942）	0.3351 （-0.9388）	-0.7052 * （-1.9079）	-0.0372 （-1.1218）
ln（$S_{糖,t}$）	0.4264 （-0.1875）	0.508 （-0.979）	-0.1236 * （-1.3727）	-0.0076 ** （-2.2736）

注：表格中的数据为各种供应弹性；*、**、*** 分别代表10%、5%、1%的显著性水平上显著。

资料来源：笔者计算。

就大米而言，大米的供给价格为0.0534，对上一期的播种面积反应为0.6153，这说明大米对上一期播种面积的反应程度要大于对价格的反应。同时从数据中也能看出，大米对生产资料的价格和其他替代商品的价格反应为负值，说明生产成本的上升和其他作物收益的上升会替代大米的市场供给量。就小麦而言，小麦的供给价格弹性几乎为0（0.0052），也即小麦的播种面积与市场价格不存在关联。但是小麦上一期的播种面积对当期的播种面积存在较大的影响，达到了0.7001，也就是说，麦农不是简单地根据上一年的价格做决定，而是依据上一年的播种面积来调整其当期播种计划。小麦播种面积与其他替代品的价格之间的关联性也不强，说明小麦和相关产品不存在土地的竞争性，因为小麦基本上是秋种夏收作物，几乎没有其他作物与之在播种面积上存在竞争。就玉米而言，玉米的价格调整系数为0.0352，这说明种植玉米的农户对价格适应调整不大，种植玉米的农户主要根据上一期的播种面积的变动来调整当期的播种面积。虽然玉米生产资料价格和其他替代产品的价格变化对当期玉米播种面积产生一定的影响，但是幅度有限。

就大豆而言，大豆价格和前一期种植面积对当期种植面积有正影响，且前一期的种植面积的影响高于自价格影响，当期生产资料的价格和其他农产品价格对种植面积有负的影响。

就棉花而言，对当期价格的影响较小（仅为0.0057），而对上一期的播种面积的影响较大（达到1.4136）。因为农业生产是一个周期性比较长的过程，在新价格的情况下，由于生产者的生产决策是需要成本的，所以生产者不会轻易调整生产。在生产周期内，合理科学地投入安排使棉花的生产生长周期得到了调整。其他作物对棉花播种面积的影响较小，因为棉花作为国家重要的商品经济作物，有许多作用是别的农产品无法替代的，由于棉花这种低替代效应，当价格变化时，在短期内不可能改种别的农作物来代替棉花生产，只有在经过长时间的衡量后才可能形成对棉花的替代品的种植。

就猪肉而言，对猪肉价格和替代产品的价格对猪肉的供应量影响较小，而上一期的猪肉供应数量和猪肉生产资料的价格变动对当期的猪肉供应量影响较大。原因在于猪肉供应存在一定的时滞性，这种时滞性的存在会给生产者造成生产上的错觉，由此会形成猪肉生产周期的波动性，这也是猪肉市场价格波动的根源。就禽肉而言，除了生产资料价格对禽肉供应量影响较大外，其他三个因素的作用较小，主要原因在于家禽与猪肉生产相比，受先期投入成本的限制，家禽生产投资规模要求较低，能够在市场变动中临时调整，进而禽肉的价格对供应量的影响要大于猪肉。

就鲜奶而言，鲜奶供应量受到上期供应量和生产资料成本价格的影响较大，但是就模型本身而言，上期供应量结果显著，而生产资料成本价格上升却不显著，鲜奶的供应量受到上期价格和替代品价格变动的影响较小。也就是说鲜奶的供应对于鲜奶生产资料价格变动的反应更为敏感，只要生产资料价格稍有上涨，鲜奶的供应量就会出现下降。

就水果而言，水果价格对于供应量的影响较小，而上期种植面积对当期的供给影响较大。因为中国水果的供给存在着明显的不可逆和供给对生产决策的滞后性。水果生产的特点在于，必须在收获之前的若干年做出种植决策，而无论产出季的价格是多少，生产者都不能改变产出，供给量取决于以前做出的种植决策。就蔬菜而言，上一期的播种面积和当期的生产资料价格水平对其供给影响最大。蔬菜生产在中国依然是劳动密集型产品，劳动力成本等生产资料成本是影响蔬菜供给的因素。因为蔬菜生产和水果生产存在一定决策上的差异，进而蔬菜和水果在面临价格变化时的反应也存在一定的差别，蔬菜供应价格弹性高于水果。

就糖而言，食糖自身滞后价格对其种植面积有显著正影响，提高糖料价格可能刺激扩大播种面积，这与司伟（2006）的研究结论相一致。滞后一期种植面积对当期播种面积有显著正影响，受生产固定成本的影响，糖种植面积具有刚性。除了糖自身价格变动和前期种植面积的影响以外，其他替代农产品价格变动对食糖种植面积有负的影响。在其他因素不变的情况下，提高食糖替代产品的价格（如稻谷价格）农户会缩减食糖种植面积。

（二）中国农产品层面的贸易限制效果

商品层面的贸易限制指数 TRI（WRI）就是起到相同农业政策实施效果的等值关税，其对一国农产品的贸易量和贸易福利有等同于现有扭曲形式的效果。入世十多年来中国农业国内市场和贸易政策的改革促成了中国农业的巨大成就，多数文献利用 OECD 或 WTO 等政策干预的度量方法测算了中国农产品保护率，但是无法科学量化相关政策的效果加总问题。基于劳埃德（2010）等文献方法测算结果详见表 6－5、表 6－6 所示，基于黄季焜（2008）等文献测算的结果详见表 6－7、表 6－8 所示。

表 6－5　　主要农产品贸易数量限制指数 TRI 结果

品种	区域	1995 年	1997 年	1999 年	2001 年	2003 年	2005 年	2007 年	2009 年	2011 年
大米	中国	0.787	1.335	0.568	－1.509	0.161	0.456	－0.037	2.515	－0.043
	世界	0.425	0.317	0.317	0.471	0.416	0.285	0.265	0.272	0.231
小麦	中国	0.198	0.093	0.069	－0.061	－0.029	－0.059	0.315	－0.959	0.199
	世界	0.175	0.090	0.031	0.029	0.036	0.023	0.043	0.063	－0.068
玉米	中国	－0.029	－0.477	0.357	2.272	0.696	－0.022	0.494	－0.597	0.207
	世界	0.038	0.034	－0.020	0.035	0.023	－0.039	0.022	0.039	－0.067
大豆	中国	0.032	0.031	0.017	0.216	0.085	0.087	0.067	0.064	0.057
	世界	0.080	0.055	－0.006	－0.021	0.083	0.087	0.076	0.105	0.069
棉花	中国	－0.002	0.001	－0.052	－0.136	－0.005	0.269	0.369	0.142	0.143
	世界	0.147	0.102	0.095	－0.004	－0.049	0.032	0.050	0.171	0.503
猪肉	中国	0	0	0	0	0	0	0	0.221	0.304
	世界	0.084	0.078	0.157	0.094	0.076	0.056	0.057	0.169	－0.018
禽肉	中国	0	0	0	0	0	0.072	0.098	0.027	0.024
	世界	0.207	0.183	0.178	0.167	0.156	0.103	0.081	0.099	0.074
鲜奶	中国	－0.002	0.004	0.018	0.019	0.650	0.063	－0.409	－0.471	0.087
	世界	0.481	0.485	0.678	0.399	0.503	0.172	0.068	0.104	0.084
水果	中国	0	0	0	0	0	0	0	0	0
	世界									
蔬菜	中国	0	0	0	0	0	0	0	0	0
	世界									

续表

品种	区域	1995 年	1997 年	1999 年	2001 年	2003 年	2005 年	2007 年	2009 年	2011 年
糖	中国	0. 015	0. 014	0. 024	0. 097	0. 026	0. 134	0. 103	0. 058	0. 022
	世界	0. 235	0. 277	0. 678	0. 466	0. 646	0. 089	0. 073	0. 153	0. 092
总体	中国	0. 045	0. 048	0. 027	-0. 003	-0. 008	0. 019	0. 026	0. 126	-0. 049
	世界	0. 222	0. 182	0. 222	0. 187	0. 185	0. 097	0. 097	0. 122	0. 053

资料来源：中国的数据依据相关公式计算而得，世界数据来自世界银行数据库。

表 6-6　　主要农产品贸易福利限制指数 WRI 结果

品种	区域	1995 年	1997 年	1999 年	2001 年	2003 年	2005 年	2007 年	2009 年	2011 年
大米	中国	0. 787	0. 648	0. 353	0. 098	0. 061	0. 125	0. 001	0. 241	0. 005
	世界	1. 593	1. 006	1. 155	1. 462	1. 419	0. 996	0. 638	0. 463	0. 650
小麦	中国	0. 183	0. 089	0. 039	0. 002	0. 003	0. 017	0. 065	0. 133	0. 268
	世界	0. 328	0. 271	0. 295	0. 180	0. 223	0. 335	0. 172	0. 493	0. 216
玉米	中国	0. 003	0. 211	0. 402	0. 766	0. 796	0. 309	0. 147	0. 037	0. 217
	世界	0. 194	0. 188	0. 306	0. 219	0. 195	0. 268	0. 222	0. 348	0. 158
大豆	中国	0. 017	0. 032	0. 011	0. 063	0. 053	0. 038	0. 011	0. 028	0. 025
	世界	0. 294	0. 197	0. 328	0. 286	0. 221	0. 291	0. 197	0. 209	0. 235
棉花	中国	0. 001	0. 001	0. 117	0. 038	0. 001	0. 205	0. 478	0. 241	0. 207
	世界	0. 307	0. 347	0. 379	0. 393	0. 386	0. 496	0. 518	0. 643	0. 731
猪肉	中国	0	0	0	0	0	0	0	0. 051	0. 168
	世界	0. 252	0. 205	0. 416	0. 263	0. 253	0. 234	0. 228	0. 385	0. 328
禽肉	中国	0	0	0	0	0	0. 004	0. 007	0. 002	0. 002
	世界	0. 517	0. 386	0. 541	0. 428	0. 365	0. 337	0. 327	0. 391	0. 242
鲜奶	中国	0. 001	0. 002	0. 029	0. 001	0. 061	0. 095	0. 149	0. 077	0. 098
	世界	0. 849	0. 771	0. 979	0. 605	0. 769	0. 389	0. 292	0. 357	0. 313
水果	中国	0	0	0	0	0	0	0	0	0
	世界									

续表

品种	区域	1995 年	1997 年	1999 年	2001 年	2003 年	2005 年	2007 年	2009 年	2011 年
蔬菜	中国	0	0	0	0	0	0	0	0	0
	世界									
糖	中国	0. 011	0. 018	0. 048	0. 033	0. 026	0. 208	0. 142	0. 192	0. 012
	世界	0. 540	0. 688	1. 114	0. 744	0. 988	0. 783	0. 562	0. 621	0. 223
总体	中国	14. 595	11. 405	9. 366	7. 323	7. 608	13. 764	17. 299	32. 323	27. 705
	世界	42. 105	35. 553	43. 256	37. 126	37. 984	39. 550	34. 513	35. 993	21. 206

资料来源：中国的数据依据相关公式计算而得，世界数据来自世界银行数据库。

表 6－7　　主要农产品生产者名义保护率结果

品种	1995 年	1997 年	1999 年	2001 年	2003 年	2005 年	2007 年	2009 年	2011 年
大米	－0. 017	－0. 089	－0. 113	－0. 059	0. 003	0. 012	－0. 008	－0. 304	－0. 031
小麦	0. 533	0. 281	0. 129	0. 013	－0. 006	－0. 103	0. 143	0. 441	0. 391
玉米	－0. 066	0. 111	0. 065	0. 165	0. 202	0. 291	0. 207	0. 195	0. 304
大豆	0. 331	0. 355	0. 108	0. 212	0. 231	0. 078	0. 093	0. 305	0. 314
棉花	0. 001	0. 033	－0. 169	－0. 214	0. 004	0. 887	0. 779	1. 173	1. 029
猪肉	0	0	0	0	0	0	0	0. 16	0. 16
禽肉	0	0	0	0	0	0. 058	0. 043	0. 041	0. 039
鲜奶	－0. 049	0. 153	0. 403	0. 039	0. 269	－0. 035	－0. 255	0. 520	0. 327
水果	0	0	0	0	0	0	0	0	0
蔬菜	0	0	0	0	0	0	0	0	0
糖	0. 229	0. 333	0. 346	0. 112	0. 098	1. 178	0. 834	2. 287	0. 398
总体	0. 033	0. 027	0. 002	0. 004	0. 023	0. 037	0. 048	0. 079	0. 161

资料来源：依据黄季焜等（2008）等文献计算得到。

表 6-8　　　　主要农产品消费者税收等价结果

品种	1995 年	1997 年	1999 年	2001 年	2003 年	2005 年	2007 年	2009 年	2011 年
大米	-0.052	-0.090	0.006	-0.012	0.059	-0.148	-0.008	-0.304	-0.031
小麦	0.478	0.292	0.145	-0.028	-0.042	0.049	0.143	0.441	0.391
玉米	-0.044	0.055	0.173	0.195	0.197	0.212	0.207	0.195	0.304
大豆	0.265	0.271	0.203	0.243	0.156	0.132	0.093	0.303	0.314
棉花	-0.033	-0.021	-0.216	-0.262	-0.046	0.121	0.779	1.173	1.029
猪肉	0	0	0	0	0	0	0	0.16	0.16
禽肉	0	0	0	0	0	0	0.043	0.042	0.039
鲜奶	-0.053	0.148	0.393	0.026	0.256	0.305	-0.255	0.519	0.327
水果	0	0	0	0	0	0	0	0	0
蔬菜	0	0	0	0	0	0	0	0	0
糖	0.426	0.397	0.672	0.377	0.359	0.538	0.834	2.287	0.398
总体	0.029	0.024	0.038	0.018	0.016	0.012	0.049	0.111	0.187

资料来源：依据黄季焜等（2008）等文献计算得到。

就大米而言，表 6-6、表 6-8 的数据符号基本一致，都呈现负值，与黄季焜（2008）文献中的表 2 结果一致，说明中国在入世前后这段时间内对大米的支持为负值，也从另一层面说明大米是中国具有竞争优势的产品。数据结果显示，现有各种政策变动依然未能彻底改变多大米生产者的潜在赋税，国内市场和大米收购体制给农民施加了较重的税收。而表 6-5 和图 6-2 大米的 TRI 指数显示出与生产者保护率和消费者税收等价不同的情形，除 2001 年、2003 年等个别年份之外，其余年份均大于 0，且低于世界总体 TRI 水平，说明现有政策对中国大米的保护水平较低。而从各种政策调整后引致的福利水平变化来看，虽然图 6-2 中的两条贸易福利 WRI 线都呈现下降趋势，但就中国大米产品与世界水平相比较而言，则远远低于世界水平，说明中国对于大米的限制水平是较低的。

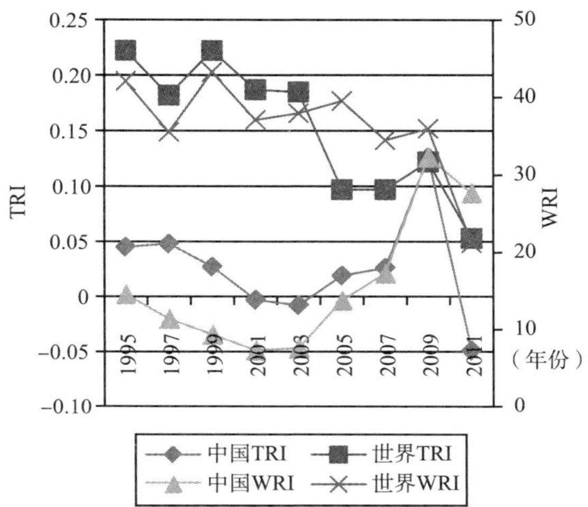

图 6－2　中国和世界大米 TRI 和 WRI 指数

与大米情况不同的是小麦，除个别年份外，表 6－7、表 6－8 中的数据都是正值，说明现有政策调整依然给生产者和消费者提供了很高的保护。究其原因在于与具有竞争优势的大米生产不同，中国小麦生产不具有潜在优势。因中国小麦生产成本较高，同时又要保证中国的粮食安全，小麦受到政策保护的力度最大。图 6－3 显示的中国和世界小麦 TRI 和 WRI 水平也可以看出，中国小麦的 TRI 指数和世界水平基本持平，保护程度一致，仅在 2009 年出现了较大幅度的负保护。中国小麦产品的贸易福利限制指数变化趋势与世界水平也基本一致，说明小麦保护政策带来的福利损失巨大，因为通过限制进口和保持较高的国内市场价格，可以促使国内小麦产量的增加。

玉米的情况和大米、小麦存在一定的差异，表 6－7、表 6－8 的数据基本上呈现正值，且数值多数大于小麦，说明现有政策组合对玉米提供了较高的保护。结果与黄季焜（2008）存在一定的差异，其测算结果约为负 1。图 6－4 数据显示在入世初期，中国玉米保护的贸易量和贸易福利突然出现了较大幅度的提高，原因可能在于入世后国外价廉物美的玉米进口后给中国国内玉米生产者和消费者带来了一定程度的影响，中国为了维持玉米生产和消费稳定，临时采取了相关政策导致了该时间段 TRI 和 WRI 数值的异常。

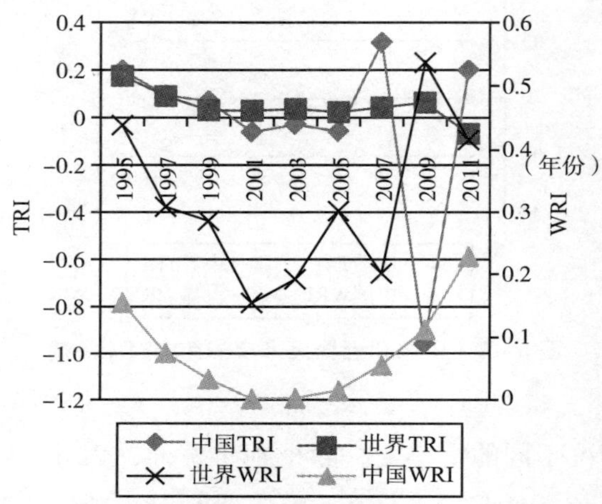

图 6-3　中国和世界小麦 TRI 和 WRI 指数

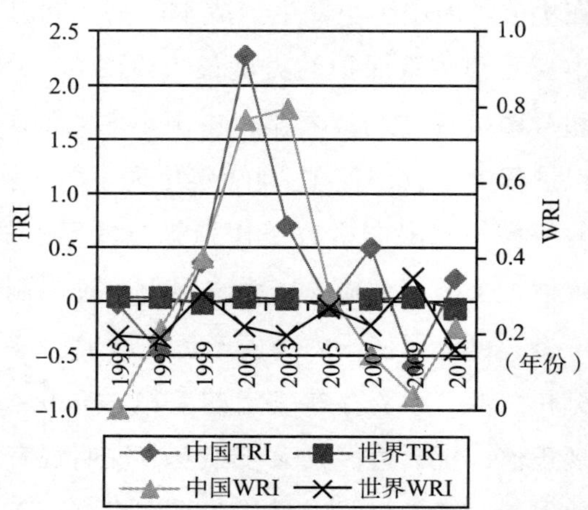

图 6-4　中国和世界玉米 TRI 和 WRI 指数

入世十多年来，由于逐渐取消了一直以来向大米、小麦和玉米生产者征税的粮食收购政策，也通过贸易政策减少税收，或者削减保护水平，使得大米、小麦和玉米三种粮食产品的TRI和WRI曲线都呈现了下降趋势。

就表6-7、表6-8的数据而言，中国大豆产品呈现正的保护水平，但变化趋势出现了下降，说明中国在实现入世贸易自由化的承诺。大豆作为经济作物，尤其是作为工业压榨油脂原料，其市场和价格的稳定一直以来备受关注。从入世前的大豆进口的放开，到入世时，中国大豆产业遭受了一定程度的影响，进而在入世初期大豆政策的调整提高了保护水平。图6-5的中国TRI指数变化也显示了这样的现状。但是随着中国农业入世承诺的逐步实现，在中国利用两个市场两种资源政策的导向下，对不具有竞争优势的大豆实现了入世的最终承诺，使得大豆进口数量迅猛增长。图6-5也显示了中国大豆TRI和WRI水平原低于世界总体水平，说明中国大豆相关政策的调整是符合WTO承诺的，中国大豆保护水平较低。

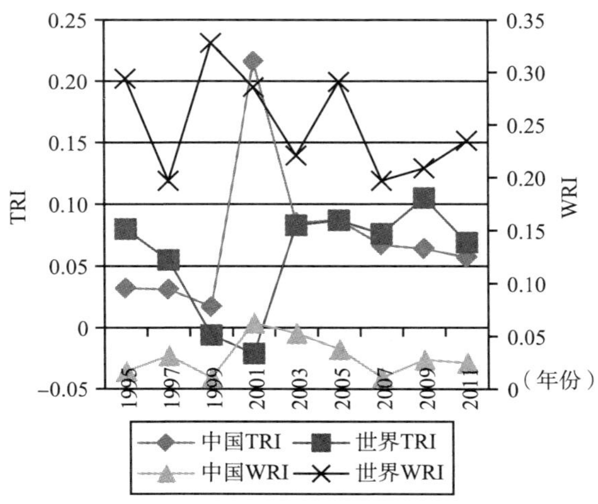

图6-5 中国和世界大豆TRI和WRI指数

棉花的政策干预呈现由较低的负保护，向正向保护转变，由于贸易和垄断收购政策的作用，使得棉花的国内价格低于世界市场价格，原因在于为了支持棉纺行业的发展而政策导向性的压低棉花的收购价格，也就是说棉农被征收了较大程度的税收，数据在表6－7、表6－8中显示为负值。近年来，中国政府放开了棉花价格，棉花进口实施了配额管理，棉花的政策干预趋于稳定。图6－6中的中国和世界TRI呈现了先下降后上升的相同变化趋势，中国TRI结果最终低于世界总体水平，中国棉花市场的限制水平较低。图6－6中WRI更加显示了中国对于棉花行业的政策干预较少，远远低于世界总体水平。这是因为入世后在WTO相关协议的约束下，国内市场政策对棉花的干预很少，允许棉花的私人贸易和商业化的政策收购两种方式同时存在，进口贸易限制主要的措施是进口配额。

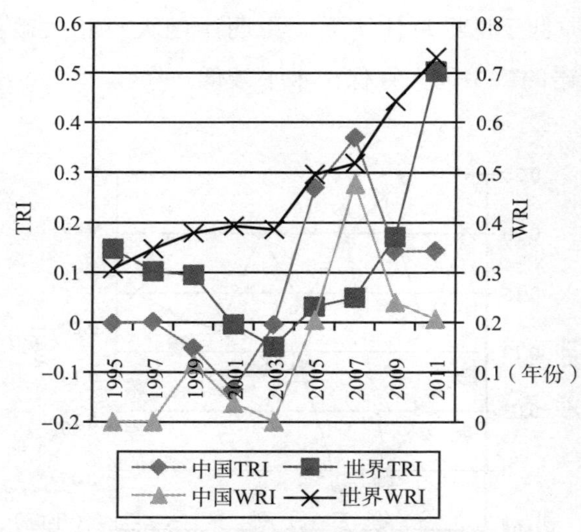

图6－6　中国和世界棉花TRI和WRI指数

表6－7、表6－8的数据显示，对于鲜奶和糖的政策干预最为显

著，数值为较大的正值，与前面几种产品存在较大的差异。中国对于鲜奶和糖实施了有力的政策保护，在对外开放市场的同时为鲜奶和糖产业的发展建立一定的保护带，以防止鲜奶和糖进出口的大起大落对国内市场和农民收入的冲击。入世以来，中国糖进口以关税配额的形式逐步对外开放，并同时打破国家对糖进口的垄断。因为中国糖进口关税水平最低，国外糖市场对中国糖业的冲击可能性也就最大。入世以来通过糖进出口管理措施和国内糖业发展措施的引导，充分利用好价格杠杆把握好糖进出口的主动权，通过进出口贸易既能填补国内市场的余缺，也能在一定程度上规避国际糖市场可能带来的风险，能更好地稳定国内市场。

图6－7、图6－8的贸易限制指数TRI和WRI显示了在鲜奶和糖的贸易保护和国内政策支持上的总体水平远远低于世界水平，中国现有政策调整结果在保护和调整国内产业的同时依然比世界其他国家和地区要低，中国鲜奶和糖产业是相对自由竞争的。

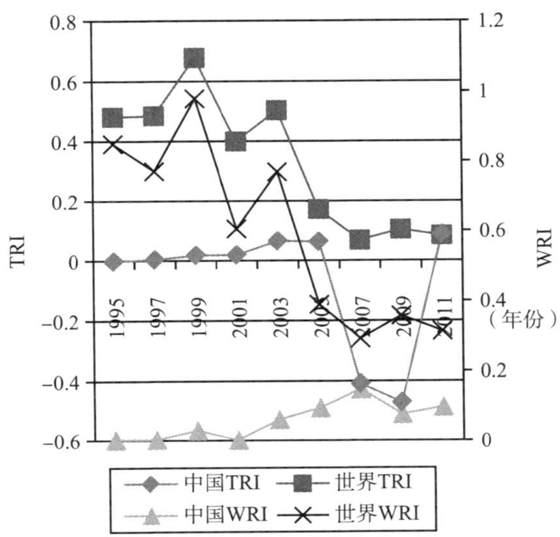

图6－7　中国和世界鲜奶TRI和WRI指数

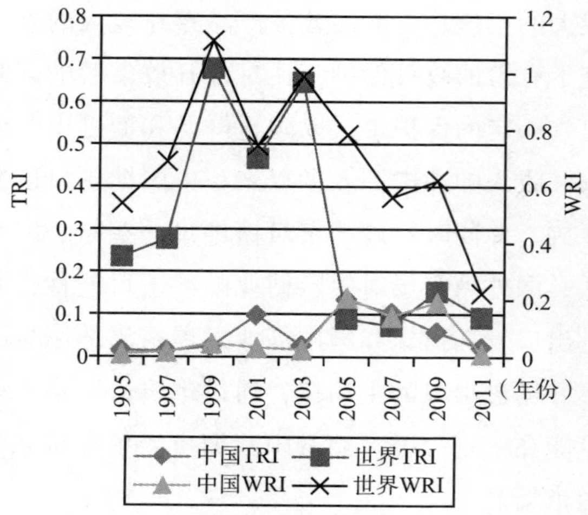

图 6－8　中国和世界糖 TRI 和 WRI 指数

通过上述生产者保护率和消费者税收等价及贸易限制指数的详尽分析可以得出，中国主要农产品的政策调整是趋于自由贸易的，在实现入世承诺的基础上远远低于世界总体水平。但是本书研究方法与已有方法的显著区别并不是在于测算每一商品的保护水平，而是着力解决相关加总问题，图 6－9 给出了不同方法最终结果的加总水平。

由图 6－9 中的中国总体 NRA、CTE 和中国 TRI 三种指数的位置可知，由于不同指数的计算方法存在差异，TRI 指数能够较为准确地反映不同部门政策效果的加总，而 NRA 和 CTE 加总的计算结果可能会相互抵消而无法反映中国农产品保护的真实状况。例如，从图 6－9 中可以看出 1999 年的 NRA 数据接近于 0，然而 TRI 却较高。又如 2011 年，当中国总体 NRA 和 CTE 接近顶峰时的 TRI 水平却最低。同时对比中国的 TRI 和世界的 TRI 指数，也可以发现中国农产品总体保护水平远远低于世界总体水平，但是变化趋势保持一致，都是呈现下降趋势，体现了世界农产品市场的逐渐自由化，因此 TRI 指数能够较好地反映政策调整的真实效果。图 6－9 中的中国 WRI 指数对应于各种政策调整后的福利影响，也能从总体上衡量中国农业政策变动的福利水平。图中6－9数据显示，入世以来中国农业政策调整所带来的福利水平的变化呈现U型趋势，也即在入世之前的政策调整能够带来福利的改进，然而随着入世的不断深入和各种政策措施的调整，这种新的政策组合可能在一定程度上限制了中国从贸易中获得的福利，从福利限制效果而言远远低于世界总体水平，相对于世界总体水平，中国的农产品贸易限制水平依然较低。

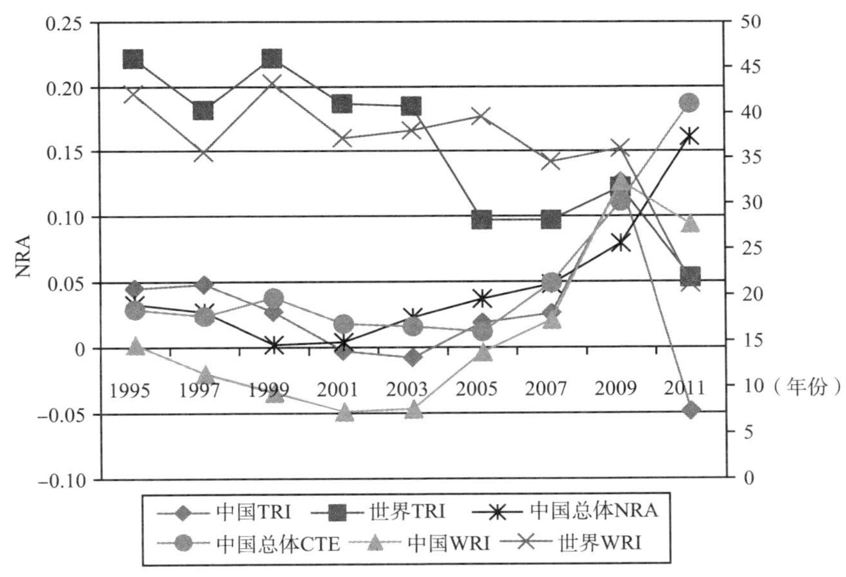

图6－9 贸易限制指数、生产者保护率及消费者税收等价

（三）中国不同农业部门的农业政策调整效果

表6－9、表6－10中的数据在前面单一农产品的基础上分别从进口竞争农业部门、出口农业部门、农产品总体等角度分别列出了农业生产者名义保护率和消费者税收等价变化趋势。下面所列表的数据和图的变化趋势显示，中国在入世前后的政策变化显著，为了应对入世

表 6-9　　1995~2011 年生产者名义保护率（NRA）

产品分类		1995~1997 年	1998~2000 年	2001~2002 年	2003~2004 年	2005~2006 年	2007~2008 年	2009 年	2010 年	2011 年
进口竞争产品	中国	0.178	0.217	0.202	0.144	0.185	0.226	0.041	0.193	0.182
	亚洲	0.252	0.322	0.373	0.368	0.258	0.178	0.242	0.239	0.168
	欧洲转型国家	0.303	0.408	0.231	0.421	0.369	0.295	0.150	0.274	0.240
	高收入国家	0.585	0.710	0.603	0.603	0.484	0.269	0.392	0.392	0.315
	世界总体	0.396	0.492	0.447	0.455	0.363	0.272	0.291	0.296	0.236
出口产品	中国	-0.025	-0.009	0.014	0.012	0.031	0.100	-0.022	0.170	0.192
	亚洲	-0.048	-0.018	0.004	-0.009	-0.011	0	0.003	-0.006	0.168
	欧洲转型国家	-0.064	0.070	-0.031	-0.017	0.103	0.179	-0.020	-0.011	0.240
	高收入国家	0.035	0.090	0.078	0.032	0.045	0.022	0.051	0.021	0.315
	世界总体	-0.031	0.011	0.009	-0.011	0.008	0.047	0.006	-0.007	0.236
所有农产品	中国	0.051	0.069	0.072	0.052	0.072	0.108	0.006	0.121	0.124
	亚洲	0.049	0.081	0.114	0.108	0.067	0.475	0.074	0.070	0.044
	欧洲转型国家	0.102	0.221	0.095	0.161	0.215	0.216	0.062	0.105	0.140
	高收入国家	0.327	0.404	0.345	0.302	0.251	0.133	0.224	0.196	0.163
	世界总体	0.142	0.189	0.177	0.160	0.136	0.162	0.115	0.104	0.088

资料来源：1995~2004 年的数据引自 Anderson and Valenzuela（2008），2005~2011 年数据依据相关公式计算得到。

表 6-10　　1995~2011 年消费者税收等价（CTE）

产品		1995~1997 年	1998~2000 年	2001~2002 年	2003~2004 年	2005~2006 年	2007~2008 年	2009 年	2010 年	2011 年
进口竞争产品	中国	0.178	0.256	0.267	0.189	0.179	0.223	0.166	0.174	0.123
	亚洲	0.247	0.310	0.367	0.368	0.288	0.156	0.161	0.202	0.239
	欧洲转型国家	0.151	0.292	0.193	0.394	0.369	0.267	0.098	0.190	0.125
	高收入国家	0.512	0.611	0.523	0.484	0.410	0.272	0.333	0.397	0.340
	世界总体	0.345	0.425	0.396	0.394	0.328	0.281	0.224	0.276	0.257
出口产品	中国	-0.023	-0.003	0.022	0.031	0.018	0.096	-0.022	0.017	0.012
	亚洲	-0.075	-0.017	0.007	0.003	-0.014	0.068	-0.049	-0.011	0.005
	欧洲转型国家	-0.100	0.048	0.020	-0.001	0.079	-0.040	-0.065	0.031	0.013
	高收入国家	-0.020	-0.019	-0.029	-0.034	-0.040	0.021	-0.013	-0.012	-0.019
	世界总体	-0.059	-0.014	-0.011	-0.017	0.010	0.011	-0.038	-0.009	-0.007
所有农产品	中国	0.088	0.146	0.095	0.089	0.128	0.109	0.058	0.083	0.071
	亚洲	0.035	0.082	0.111	0.113	0.068	0.350	0.072	0.073	0.044
	欧洲转型国家	0.033	0.171	0.117	0.194	0.222	0.059	0.076	0.126	0.144
	高收入国家	0.308	0.349	0.297	0.261	0.211	0.158	0.193	0.170	0.137
	世界总体	0.134	0.178	0.171	0.163	0.143	0.171	0.111	0.106	0.093

资料来源：1995~2004 年的数据引自 Anderson and Valenzuela（2008），2005~2011 年数据基于相关公式计算得到。

给中国农业带来的负面影响，为了提升农业总体竞争力，中国农业政策由入世前地向生产者和消费者征税转向对生产者和消费者的补贴。

图 6－10 进口竞争部门而言，中国农业生产者保护水平为最低，维持在 0.2 上下波动，并在 2009 年出现了较为显著的下降，随后又恢复至 0.2 左右。中国农业生产者保护水平与其他地区国家相比较而言，区别也比较显著，图 6－10 中所对比的几类经济发展水平不同的地区，中国和亚洲地区基本处于一个水平上，远低于世界总体水平，而图 6－10 中数据显示高收入国家的生产者保护水平虽然出现了下降，但依旧明显高于世界总体水平，欧洲转型国家的生产者保护水平与世界总体水平持平。NRA 所包含的商品为前文所涉及的 11 种生产和消费价值的加权平均数，其所涉及的农业政策范围较宽泛，不仅包含了关税和非关税等边境贸易措施，还包括了农业国内政策和农业生产投入品政策对农产品价格的影响。

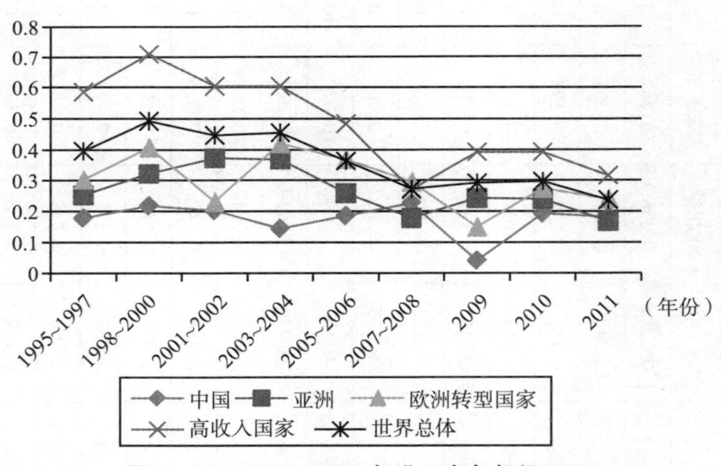

图 6－10　1995～2011 年进口竞争部门 NRA

图 6－11 描述了出口部门的生产者保护率，中国对于出口农产品的支持率居于相关国家或地区的中间水平。由此可以看出世界各国对

于本国农产品的出口都采取了一定的支持促进措施，以增强其国际市场竞争力。同样图 6－12 中中国农产品总体生产者保护率显示，在既有出口部门，也有进口竞争部门的情况下，中国农产品的生产者保护

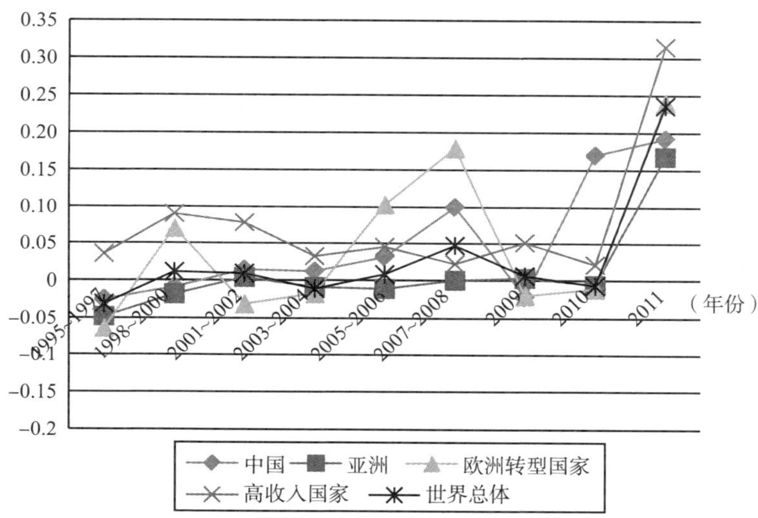

图 6－11　1995～2011 年出口部门的生产者保护率 NRA

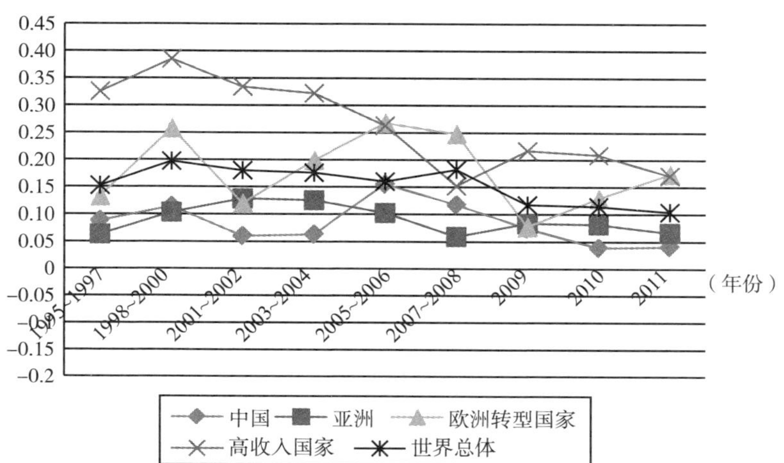

图 6－12　1995～2011 年农业总体 NRA

总水平呈现保护力度最低，多年来呈现下降趋势，但基本保持在0.1左右变动。与其他地区相比较而言，中国农产品生产者保护水平远远低于世界总体水平，图6-12中数据显示高收入国家对农业生产者的保护程度最高。

从表6-9中中国农业NRA的加总数据可知，中国农业与世界其他地区相比，在不同部门不同时期存在显著的差异，在入世前和入世后对农业的支持变化也较为显著。由对农业的剥夺到向农业的转移支付，显示了政策方向的转变：由入世前的工农产品价格"剪刀差"，向农业征收大量税负，由原先的负保护（征税）数值较大，现在变正，但保护水平仍然没有超出中国入世的承诺。从图6-12中也能看出中国与其他地区相比，发达国家的农业保护较为严重，中国生产者保护率低于世界其他地区。

表6-10中的消费者税收等价数据的变化趋势也类似于生产者保护。发达国家由初期的增加，到后期的下降。而在发展中国家由初期的负值到后期的正值（征税是负值，补贴是正值），呈现负保护，后期变正，因食品补贴的降低，数值逐渐由负变正。

图6-13显示进口竞争部门的中国消费者税收等价呈现下降趋势，低于世界总体水平，仅为发达国家水平的一半。基于这些政策的影响，使得消费者和生产者价格与边境价格之间都存在着差异。而图6-14中出口部门的消费者税收等价数据呈正负交叉变化，毫无规律可言。图6-15中的农产品总体消费者税收等价与图6-13变化趋势相似，但是与发达国家、世界总体水平的差距在缩小。高收入国家和欧洲转型国家对于消费者的补贴大于中国现有水平，这是由中国经济发展水平决定的。

表6-9、表6-10也显示了进口竞争部门的NRA数值和CTE数值大于出口部门，显示出现有政策组合的反贸易的扭曲性质。已有研究存在着较为严重的农产品加总后的保护效果的解释问题，中国和亚

洲国家的 NRA 或 CTE 数值在进口竞争部门为正，而在出口部门为负，两者相互抵销后，结果趋于 0，但结果可能在国别地区间对比时产生偏离实际的效果。

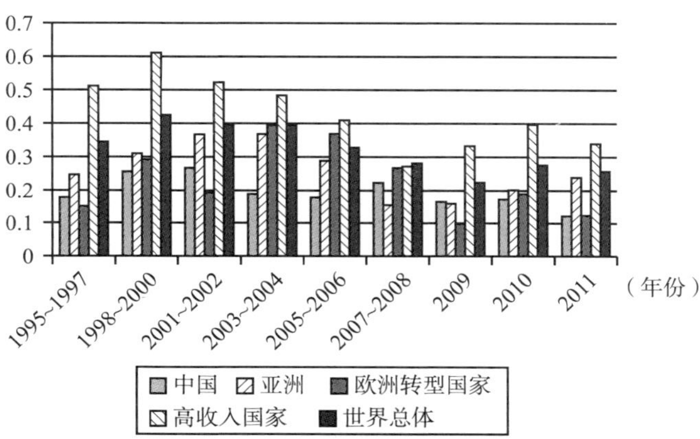

图 6－13　1995～2011 年进口竞争部门消费者税收等价

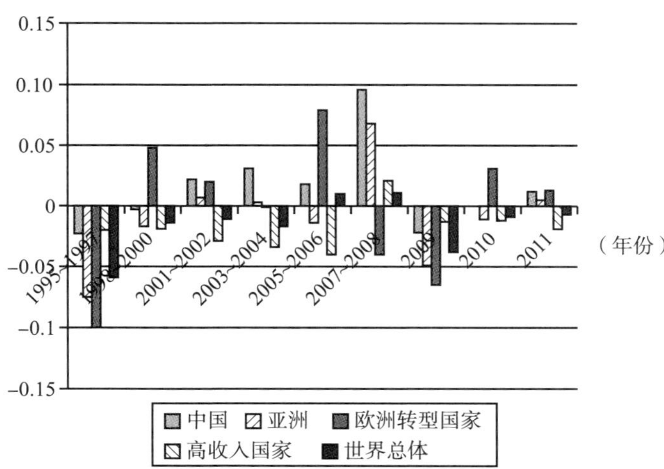

图 6－14　1995～2011 年出口部门消费者税收等价

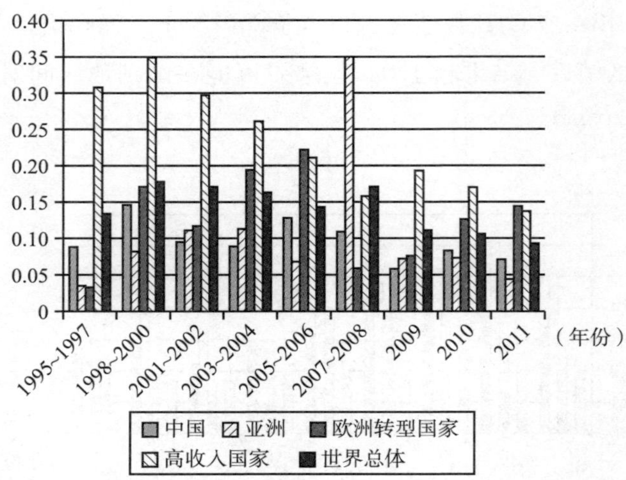

图 6－15　1995～2011 年农产品总体消费者税收等价

（四）中国与主要国家农业政策调整效果对比研究

表 6－11 显示了中国和其他地区的农业进口竞争部门、出口部门和所有农业部门的贸易量限制指数（TRI）。对于中国而言，图 6－16 显示了进口竞争部门的 TRI 指数呈现先下降后上升的 U 型趋势，但总体趋势是变小的，也意味着现有政策对农产品的进口限制程度是降低的。对比图 6－16 中的其他地区，中国 TRI 虽有变化，但就地区差别而言，仍然是最低的。对于亚洲而言，农业政策变动的方向和大小基本上与中国农业政策的变化趋势相一致，而高收入国家和欧洲转型国家的进口竞争部门的 TRI 数值较高，且数值基本保持不变。

图 6－17 中的出口部门的 TRI 数值基本上全部为负值，说明绝大多数国家和地区对于农产品的出口采取了与进口竞争产品相反的政策，数据显示不仅没有限制出口，反而对出口采取了支持政策。但是从图 6－18 加总结果来看，中国农业总体 TRI 因进口竞争部门的保护政策和出于优先满足国内需求的出口部门的税负政策，使得中国农业总体 TRI 数值较低。同时图中变化趋势也反映出发达国家对进出口部

表 6 - 11　　1995 ~ 2011 年贸易量总体削减指数（TRI）

产品分类		1995 ~ 1997 年	1998 ~ 2000 年	2001 ~ 2002 年	2003 ~ 2004 年	2005 ~ 2006 年	2007 ~ 2008 年	2009 年	2010 年	2011 年
进口竞争产品	中国	0.194	0.210	0.121	0.062	0.070	0.046	0.125	0.249	0.129
	亚洲	0.253	0.320	0.374	0.369	0.199	0.144	0.093	0.291	0.243
	欧洲转型国家	0.229	0.347	0.214	0.399	0.374	0.312	0.404	0.278	0.289
	高收入国家	0.553	0.662	0.553	0.534	0.445	0.275	0.190	0.170	0.203
	世界总体	0.375	0.462	0.422	0.422	0.312	0.191	0.185	0.198	0.265
出口产品	中国	0.010	-0.001	-0.007	-0.008	-0.003	-0.175	0.052	-0.047	-0.06
	亚洲	0.060	0.017	-0.006	0.002	-0.001	-0.029	0.108	-0.147	-0.096
	欧洲转型国家	0.074	-0.067	-0.010	0.004	-0.084	-0.060	-0.045	-0.013	-0.08
	高收入国家	-0.005	-0.037	-0.023	0.004	-0.002	-0.021	-0.007	-0.004	-0.003
	世界总体	0.044	0.000	0.000	0.014	-0.017	-0.024	0.052	-0.057	-0.037
所有农产品	中国	0.045	0.027	0.009	0.002	0.016	-0.003	0.095	-0.049	-0.032
	亚洲	0.124	0.107	0.112	0.115	0.073	0.080	0.111	-0.026	-0.017
	欧洲转型国家	0.147	0.132	0.109	0.183	0.120	0.068	0.118	0.116	0.075
	高收入国家	0.323	0.356	0.307	0.292	0.231	0.127	0.102	0.092	0.060
	世界总体	0.196	0.199	0.190	0.190	0.130	0.092	0.113	0.053	0.034

资料来源：1995 ~ 2004 年的数据引自 Anderson and Valenzuela（2008），2005 ~ 2011 年数据依据相关公式计算得到。

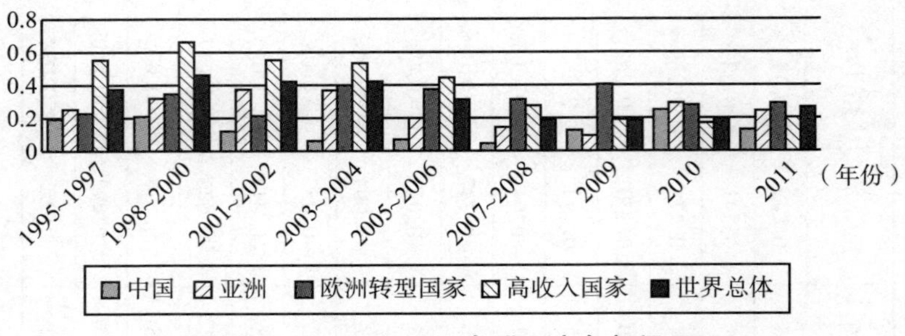

图 6－16　1995～2011 年进口竞争部门 TRI

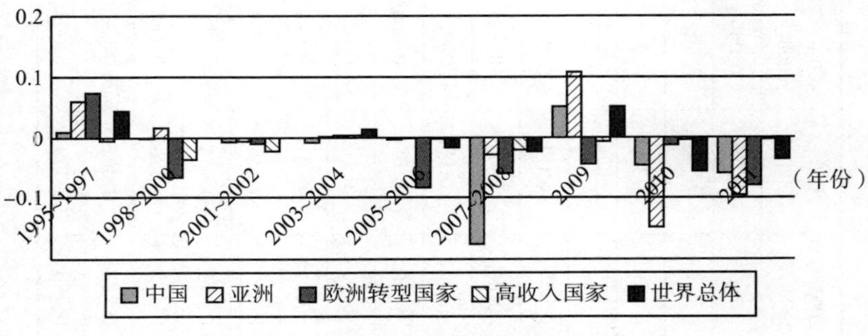

图 6－17　1995～2011 年出口竞争部门 TRI

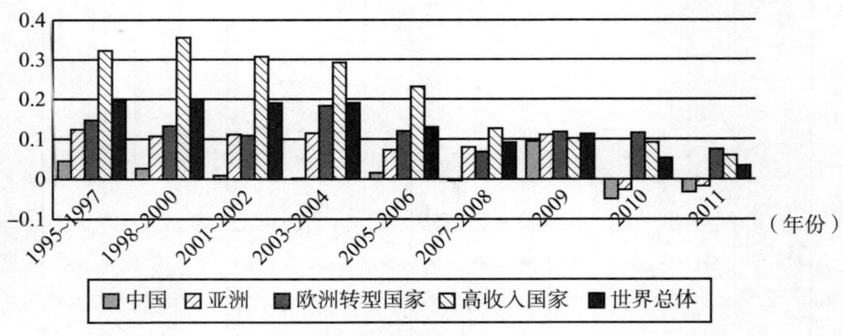

图 6－18　1995～2011 年农业总体 TRI

门都施加了保护政策，出口部门的政策抵消了部分进口竞争部门政策效果，使得表中的发达国家和欧洲转型国家的 TRI 数据较小。TRI 指数能够较为准确地反映不同部门政策效果的加总，而 NRA 和 CTE 却会相互抵消。某些地区的数据在 NRA 中接近于 0，但是在 TRI 中却接近于顶峰，因此 TRI 指数能够较好地反映出进口竞争部门和出口部门政策的真实效果。

表 6－12 显示了中国和其他地区的农业进口竞争部门、出口部门和所有农业部门的贸易福利限制指数（WRI），结果显示所考察地区变化趋势迥然不同，其变化模式由不同地区的政策体制所决定。WRI 指数的本质在于能够包含政策变动所产生的福利影响，数值越大说明政策的效果越好，也即保护的程度越高。图 6－19 中中国进口竞争部门的 WRI 水平呈现下降趋势，中国所采取的现有政策组合对于贸易福利的影响仍然比其他国家地区要低很多。发达国家因经济发展水平较高，对农业的支持和保护一直以来虽有降低但是绝对水平依然很高。中国农业入世之前都是剥夺农业的产出，基本上处于负的保护状况，入世以来在中国实现入世承诺的基础上开始转变。此外值得注意的是，从 WRI 表达式来看，表 6－12 中的数值均为正数，能够很好地反映无论是正保护，还是负保护的农业政策效果，这些政策对经济福利的影响都能够被考虑进来。NRA 和 CTE 的加权平均指数尽管有自身的优点，但是仍然可能会对政策效果的认识产生误导作用，算术平均值不能反映农业政策对生产者和消费者扭曲效应的离散性。从 WRI 计算公式可知，其能够反映不同政策的高峰影响，也即农业部门间支持水平的差异越大，资源就越不能实现其最优价值。

图 6－20 中的出口部门 WRI 显示出中国在入世后农产品出口可能面临的福利损失较为严重，但其变化趋势与其他国家地区还是相吻合的。农产品相关政策调整对农产品出口的影响在增加，因为 WRI 计算的特点在于囊括了所有政策的效果，无论政策对农产品的出口是正向还是负向作用，其综合的福利损失都将考虑进来。

表 6－12　　1995～2011 年贸易福利总体削减指数（WRI）

产品分类		1995～1997 年	1998～2009 年	2000～2001 年	2002～2003 年	2004～2005 年	2006～2007 年	2008～2009 年	2010 年	2011 年
进口竞争产品	中国	26. 952	24. 107	21. 460	14. 030	16. 203	15. 827	23. 500	42. 072	15. 275
	亚洲	42. 857	46. 578	50. 065	50. 057	32. 262	27. 947	35. 759	46. 337	23. 243
	欧洲转型国家	39. 619	50. 283	35. 112	51. 447	50. 363	39. 492	51. 362	35. 694	33. 385
	高收入国家	85. 097	96. 818	85. 390	88. 129	71. 451	41. 753	29. 412	27. 496	19. 118
	世界总体	61. 418	68. 870	64. 057	67. 109	51. 028	34. 592	36. 464	30. 381	23. 702
出口产品	中国	3. 053	6. 215	4. 680	6. 155	6. 712	25. 773	28. 492	20. 697	18. 520
	亚洲	10. 002	8. 961	7. 048	7. 404	12. 520	38. 918	37. 776	20. 697	24. 554
	欧洲转型国家	32. 740	35. 596	27. 013	30. 340	38. 643	34. 921	19. 073	20. 793	12. 397
	高收入国家	8. 533	12. 942	11. 914	9. 228	8. 452	8. 619	1. 797	0. 842	1. 168
	世界总体	12. 577	13. 210	12. 185	11. 501	19. 694	29. 270	27. 959	10. 808	18. 173
所有农产品	中国	12. 284	10. 512	8. 929	7. 789	10. 288	18. 620	29. 241	27. 705	19. 007
	亚洲	23. 847	22. 194	22. 051	22. 410	20. 328	33. 163	37. 651	29. 407	24. 473
	欧洲转型国家	37. 025	46. 023	32. 529	43. 171	45. 914	38. 028	34. 161	29. 763	22. 205
	高收入国家	57. 177	65. 373	58. 378	57. 969	46. 268	28. 379	18. 976	17. 576	12. 334
	世界总体	37. 847	40. 401	38. 163	38. 927	36. 784	34. 709	33. 690	21. 206	21. 899

资料来源：1995～2004 年的数据引自 Anderson and Valenzuela（2008），2005～2011 年数据依据相关公式计算得到。

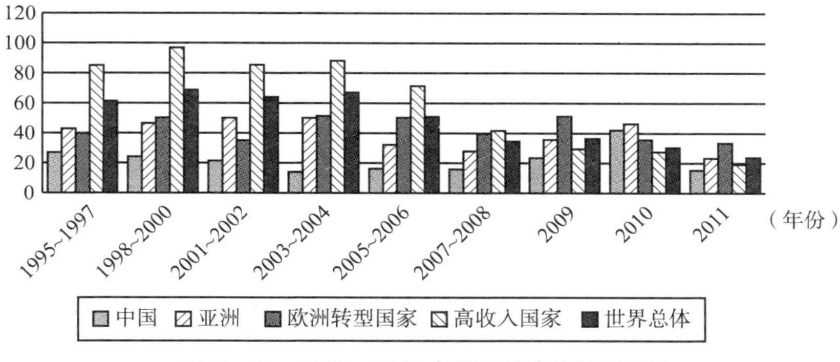

图 6－19　1995～2011 年进口竞争部门 WRI

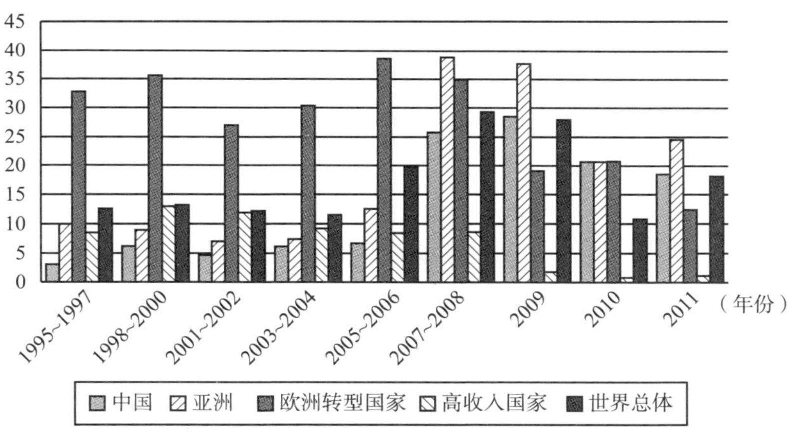

图 6－20　1995～2011 年出口部门 WRI

表 6－11、表 6－12 给出了中国与主要比较地区的进口竞争农产品、出口贸易农产品、所有农产品的贸易量削减指数和贸易福利削减指数。在农产品不同部门内（进口竞争部门与出口部门）也存在显著的差别。对于中国农产品进口竞争部门而言，由于中国历年粮食安全问题是中国农业发展目标之一，因此对中国农产品进口而言，设置了大量的关税与非关税贸易措施，这些措施限制了进口竞争农产品的进口。同样，对于农产品出口而言，基于相似的目标，多数农产品也是

限制出口的。从表中可以看出，中国的农业政策的贸易限制指数在逐年下降，尤其明显的是中国入世前后的数据：入世前，中国农业政策的效果较为显著，达到了 0.2；但是入世后呈现显著下降趋势，并一直维持在 0.12 左右。再看中国的农业政策效果与亚洲国家比较而言，中国总体水平是低于亚洲平均水平的，也远远低于高收入国家，中国的农业政策对农业贸易的限制效果要低得多。与世界水平相比较，也有明显的优势，在世界农产品保护有上升趋势的形势下，中国农业政策更加开放与自由，表中数据显示，无论是 TRI 还是 WRI，中国的数据绝大多数是低于世界总体水平的。这些对比数据充分印证了中国在入世以来一直遵循农业贸易自由化的承诺，中国农产品目前的关税平均水平仅为 12% 左右，国内支持水平满足入世协议中的承诺，即低于 8% 的承诺。亚洲其他国家和发达国家因为经济发展水平较高，所以这些国家的贸易限制指数数值较高，虽有一段时间趋于下降，但是其水平仍然高于中国。中国农业政策变动引致的贸易福利削减效应反映了中国历年农业政策调整的效果（见图 6－21 所示），入世前中国农业发展政策实施“剪刀差”政策，从农业索取的远远高于给予农业的支持，中国农业保护一直为负，农业税直至 2006 年才予以全面取消，农业支持总量一直维持在 8% 以下。

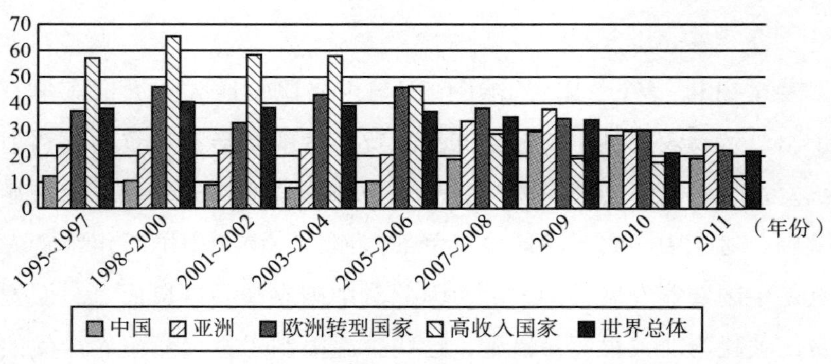

图 6－21　1995～2011 年农业总体 WRI

（五）中国农业政策调整效果不同量化方法对比研究

农业政策保护效果的加总效果在表 6－9、表 6－10、表 6－11 和表 6－12 中存在严重的差异。表 6－9、表 6－10 中的农业生产者保护率和消费者税收等价数值较低，而表 6－11、表 6－12 中贸易限制指数的数值却相对较高，主要的原因在于加总方法的不同。生产者名义保护率和消费者税收等价在评价某类产品政策干预的贸易量或贸易福利方面存在一定的缺陷。因国际贸易的存在，致使每一商品的生产量的权重不等于其消费的权重，因此一国加权平均的生产者名义保护率与消费者税收等价可能不相等。即不存在贸易障碍，仅存在生产者价格与消费者价格存在差异的情形。虽然现有的指标可以融入一般均衡模型（CGE）分析，但结果不具有连续性，仅能得到某一年份的数据。因此，本章基于贸易限制指数来研究中国不同商品的政策调整的贸易量和贸易福利效果。传统计算方法相互抵消了部分结果，使得结果偏小，而本书的贸易限制则较好地规避了政策效果的加总谬误，也出现了由高到低持续变化的过程，在入世前后变化较为明显，反映了不同政策措施的效果。表 6－12 中 WRI 数值需要我们作出正确的理解，首先，WRI 指数全面反映了农业政策的正负影响的总体效应，不存在相互抵消问题；其次，WRI 指数在衡量政策扭曲的福利效果方面要优于生产者保护率和消费者税收等价，加总的生产者名义保护率和消费者税收等价可能无法真实反映农业支持或税收政策影响，因为 WRI 在计算时是计算的平方，而生产者名义保护率和消费者税收等价仅仅是加权的算术平均值，忽略了不同产品政策措施效果的离散性，即相同部门不同产品间的支持或税收的水平差异越大，其带来的福利损失效应就越大；最后，当存在可能相互抵消其影响的因素时，WRI 能够真实反映农业政策的福利成本。表 6－12 中的数据显示了相关特征，如中国在入世之前，进口关税和非关税措施较为明显地影响了进口竞争部门农产品贸易，与此同时存在的出口限制措施也影响着出口部门，但是本书测算的 WRI 数值却达到研究期间的最大值，即中国农业生产者和消费者所面临的支持加总水平为 0 时，其带来的福利损失却可能是最大的。

随着中国入世步伐的加快，入世十多年中国农业贸易政策调整和体制改革力度之大、影响之深，已初步建立和不断完善了符合世贸组织规则的“强农、惠农、富农”政策体系。在经济全球化和区域经济一体化的大背景、大趋势下，中国农业对外开放仍将保持较快的步伐，紧紧围绕两个市场、两种资源，要“有放有收”“有进有出”“有守有攻”，用世界眼光、全球视野谋划中国农业发展，积极参与经济全球化、克服农业发展面临的市场和资源两大约束的必然要求，维护国内产业安全。表 6－13 和图 6－22 可以印证中国农产品贸易发展的趋势，2004 年中国农产品进出口贸易首度出现逆差以来，已经连续保持了 8 个年头，今后这种大进大出的农产品贸易趋势将一直持续。

表 6－13　中国 1995～2011 年农产品总体进出口数额　单位：亿美元

年份	进口	出口	贸易差额	年份	进口	出口	贸易差额
1995	112.1	114.8	2.7	2004	280.3	233.9	－46.4
1996	96.6	113.8	17.2	2005	287.1	275.8	－11.3
1997	87.9	120.2	32.3	2006	319.9	310.3	－9.6
1998	73.8	111.2	37.4	2007	409.7	366.2	－43.5
1999	70.7	105.8	35.1	2008	586.6	405.0	－181.6
2000	96.1	119.5	23.4	2009	525.5	395.9	－129.6
2001	101.6	119.5	17.9	2010	725.5	494.1	－231.4
2002	103.7	135.1	31.4	2011	948.7	607.5	－341.2
2003	189.3	214.3	25				

资料来源：历年《中国统计年鉴》。

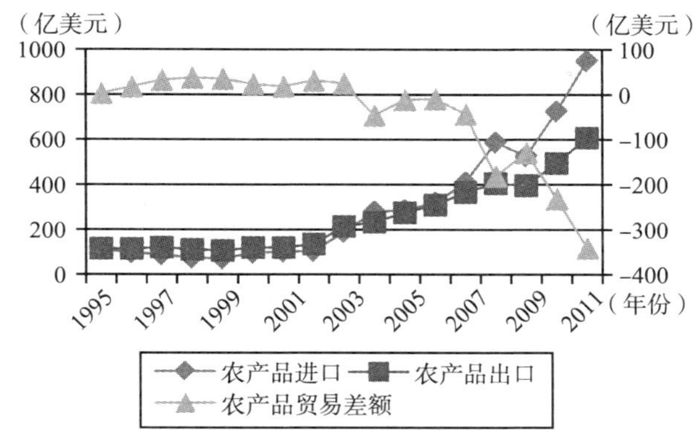

图 6-22 中国农产品贸易状况

四、本章小结

本章基于相关文献，在测算国内供给与需求价格弹性的基础上，量化了入世十多年中国农业政策调整的进口竞争部门和出口部门的农产品贸易量与贸易福利贸易限制指数，分别阐述了农业不同部门因农业政策调整所引致的效果。因本书融入了供给和需求价格弹性，本章所计算的两类指数优于已有研究中的生产者名义保护率和消费者税收等价，能够更加真实地反映中国农产品贸易因政策调整受到的影响。

入世十多年，中国农业政策调整后的保护效果在前几章的研究中呈现显著下降，与此相应的贸易量和贸易福利影响也在显著下降，那么这种贸易影响效果是因为农业国内政策还是农业边境贸易政策的调整所引致的呢？哪类措施带来的影响更大一些？将在第七章继续探讨。

第七章

中国不同农业政策措施调整效果研究

一、引言

中国目前主要的农业政策工具包括生产者支持措施、一般服务和消费者支持措施，而生产者支持措施又包括国内政策措施和贸易政策措施。现实中的农业运行情况是多种因素作用的结果，现有研究（于爱芝，2006；宗义湘，2006；詹晶，2006；杨莲娜，2007；黄季焜，2008；林春山，2011 等）在测度农业政策的影响时，通过采用 OECD 等方法对比私人价格和社会价格之间的偏离来分析国内农业政策对农产品竞争力等方面产生的综合影响。但由于在技术上很难准确界定各政策因素所起的具体作用，因此在分析农业政策调整引致的效果时，简单地根据现实中的农业运行情况来判断农业政策可能产生的影响，可能会夸大或低估不同类型政策调整对农业生产和贸易影响。同时，在实施和调整不同农业政策措施时，已有研究无法分析不同农业政策各自所产生的影响。基于已有研究的不足，本章采用测算不同农业政策措施的贸易限制指数的方法来衡量和比较不同农业政策的实施效果。首先，本章将基于安德森（2005，2006）、克罗赛尔（2010）等相关文献估算中国农业不同政策措施对农产品贸易量和贸易福利限制水平及不同措施的相对贡献程度。其次，借助世界银行的全球贸易扭曲数据库，横向比较不同国家、地区的农业政策措施对贸易量和贸易福利影响，通过对比研究中国现有不同农业政策工具与其他国家和地区的水平和效果。

二、分析框架

（一）研究思路

不同农业政策措施对贸易量和贸易福利削减的相对贡献对于贸易谈判者和政策制定者有不同的意义：贸易谈判者关注其谈判中贸易措施的优选方案，政策制定者关注哪类政策措施更有实际效应。为了对这些政策措施进行比较，现有研究一般计算各种产品不同政策措施的名义保护率或消费者税收等价的权重平均数。然而不同农业政策措施的名义保护率和消费者税收等价的加权平均数并不能很好地反映出不同政策措施对农产品贸易量和贸易福利削减的相对贡献，即并不能较为实际地反映现有措施的实际效果，尤其当一些政策措施（如进口或出口税）与农产品贸易量呈现反向关系，而另一些措施（如出口补贴）则呈现正向贸易效应，此时现有研究中采用的加权平均数无法反映政策措施的实际效果。同样的，如果进口竞争部门和出口部门同样受限于进出口税，进出口税都是贸易量和贸易福利削减型政策措施，但是加权平均的名义保护率或消费税等价将接近于0，也无法反映实际效果。此外某种农业政策措施的福利影响与其价格扭曲率的平方有关，现有研究无法反映离差问题，即某种农业政策措施实施后不同农产品的价格扭曲率差异大的政策措施将比差异小的具有更高的福利损失。此外，现有运用一般可计算均衡模型（CGE）或全球贸易政策模型（GTAP）的研究可以利用估算的名义保护率和消费税等价来估算不同政策措施的贸易量和贸易福利的影响，但是这些模型需要大量的数据和参数估计，而且仅能计算一个数值，其无法用于持续时间分析过去的变化。同时 GTAP 数据库三年更新一次，仅涉及 WTO 规则中的进口关税、出口补贴及国内支持，但是忽略了出口税、进口补贴及生产税等其他国内政策的影响。因此有必要重新研究不同农业政策措施对贸易量和贸易福利的相对贡献，可以估算不同农业政策对生产者和消费者扭曲影响。本章将计算不同措施相对贡献的两类指数（ITRI、IWRI），可以提供时间和国家的影响比较。克罗塞尔（2010）文献中定义了四种边境扭曲措施（进口税、进口补贴、出口税、出口补贴）和三种国内政策措施（生产税、生产补贴、农业投入补贴）。本章将估算的指数定义为两个指标：政策措施的贸易量削减指数（ITRI）和政策措施的贸易福利削减指数（IWRI），其对于某种农业政策措施而言是一个等值关税，若用计算出来的等值关税来替代所有农业政策，能产生相同的贸易量和贸易福利限制影响。

类似第六章的假设，一个市场完全竞争的开放小国，图 7－1 中的农业部门中农产品 i 实施了边境进口税、国内消费税和生产者补贴等三种农业政策措施。假设面临线性的国内供给与需求曲线，进口竞争部门受到从价税 t_i、扭曲消费者价格的从价消费税 r_i、在进口关税之外扭曲生产者价格的从价生产者补贴 s_i。此时的 NRA 是 $t_i + s_i$，CTE 是 $t_i + r_i$。自由贸易条件下，在边境世界市场价格为 p_i^* 时的进口量是 af；当三种扭曲性政策实施的时候进口量削减至 cd、因政策措施引致的福利损失为三角形 can 和 dfm。贸易量的削减等比例于国内价格超过边境价格的变化，而福利损失则等比例于边境国内价差的平方，因为关税税率不仅决定了价格调整，也决定了进口数量的变化。同样，图 7－1 也可以描述进口竞争行业进口补贴、消费者补贴、生产税等措施的影响，也同样适用于出口行业所面临的国内生产者或消费者税收或补贴政策。首先，本书研究的思路是将上述几种农业政策措施一起考虑进来，假定边境措施先采用，国内措施作为补充后实施；其次，先对进口竞争行业进行分析，再对出口行业进行分析，分别估算消费者和生产者指数，最后再加总。

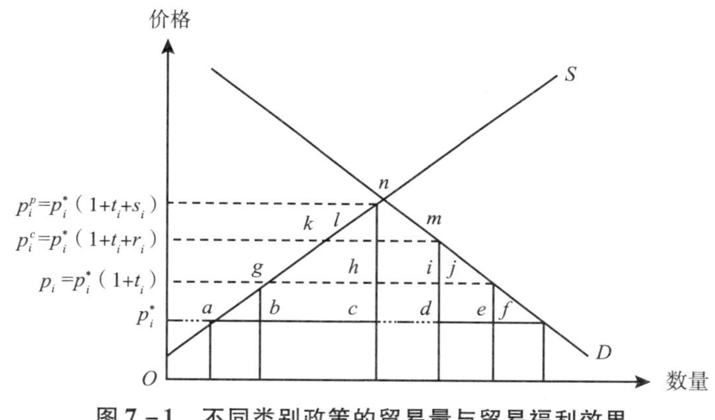

图 7－1　不同类别政策的贸易量与贸易福利效果

（二）进口竞争部门不同政策措施数量效果研究方法

假设一个市场是完全竞争的开放小国，进口农产品市场价格的扭曲仅受到边境关税措施或非关税措施或国内政策措施如生产者或消费者补贴，税收或数量限制。ITRI 测算了农产品进口竞争部门的边境措施或国内政策措施对进口贸易量的影响，也即测算农业政策措施的等值关税，如果用统一的关税替代现有各种细分政策措施，则可以发挥相同的进口贸易量限制影响。

首先，考虑某种农产品 i 的国内外市场，存在一些扭曲生产者价格和消费者价格的边境贸易措施和国内政策措施。先考察影响农产品生产者和消费者的边境贸易措施，边境措施影响而扭曲的国内价格为 $p_{ij}=p_i^*(1+t_{ij})$，边境措施而导致 j 国 i 商品进口量变化的公式可以写为：

$$\Delta M_{Bij}=p_i^*\Delta x_{ij}-p_i^*\Delta y_{ij}=p_i^{*2}dx_{ij}/p_{ij}t_{ij}-p_i^{*2}dy_{ij}/p_{ij}t_{ij} \qquad (7-1)$$

其次，同样的进口竞争产品 i 也遭受了国内政策措施的影响，对于商品生产者而言，总体扭曲的国内生产者价格为 $p_{ij}^p=p_i^*(1+s_{ij}+t_{ij})$；对于商品消费者而言，总体扭曲的国内消费者价格为 $p_{ij}^c=p_i^*(1+r_{ij}+t_{ij})$，因边境贸易政策和国内政策措施而导致 j 国 i 商品的进口量变化的公式可以写为：

$$\Delta M_{Tij}=p_i^{*2}dx_{ij}/p_{ij}^C(t_{ij}+r_{ij})-p_i^{*2}dy_{ij}/p_{ij}^P(t_{ij}+s_{ij}) \qquad (7-2)$$

而单纯因国内政策措施导致的进口量改变则公式可以写为：

$$\Delta M_{Dij}=p_i^*\Delta x_{ij}-p_i^*\Delta y_{ij} \qquad (7-3)$$

公式（7-3）中 Δx_{ij}因国内消费扭曲 r_{ij}使得价格从 p_{ij}变化到 p_{ij}^c的需求数量的改变。Δy_{ij}因国内生产扭曲 s_{ij}使得价格从 p_{ij}变化到 p_{ij}^p的供给数量的改变，因此公式（7-3）可以改变为：

$$\Delta M_{Dij}=p_i^{*2}dx_{ij}/p_{ij}^Cr_{ij}-p_i^{*2}dy_{ij}/p_{ij}^Ps_{ij} \qquad (7-4)$$

若存在 n 种进口竞争产品同时遭受了不同程度的政策扭曲，j 国进口量总的削减可以由公式（7-1）、公式（7-3）加总而得：

$$\Delta M_{Bj}=\sum_{i=1}^{n}p_i^{*2}dx_{ij}/p_{ij}t_{ij}-\sum_{i=1}^{n}p_i^{*2}dy_{ij}/p_{ij}t_{ij} \qquad (7-5)$$

$$\Delta M_{Dj}=\sum_{i=1}^{n}p_i^{*2}dx_{ij}/p_{ij}^cr_{ij}-\sum_{i=1}^{n}p_i^{*2}dy_{ij}/p_{ij}^Ps_{ij} \qquad (7-6)$$

所有政策措施对进口量总的贸易削减可由公式（7-2）加总得到：

$$\Delta M_j=\sum_{i=1}^{n}p_i^{*2}dx_{ij}/p_{ij}^c(t_{ij}+r_{ij})-\sum_{i=1}^{n}p_i^{*2}dy_{ij}/p_{ij}^P(t_{ij}+s_{ij}) \qquad (7-7)$$

进而用 ITRI 替代边境措施和国内政策措施表示相同进口量的变化的公式为：

$$\Delta M_{Bj}=\sum_{i=1}^{n}p_i^{*2}dx_{ij}/p_{ij}t_{ij}-\sum_{i=1}^{n}p_i^{*2}dy_{ij}/p_{ij}t_{ij}=\sum_{i=1}^{n}p_i^{*2}dm_{ij}/p_{ij}B_j \quad (7-8)$$

$$\Delta M_{Dj}=\sum_{i=1}^{n}p_i^{*2}dx_{ij}/p_{ij}^cr_{ij}-\sum_{i=1}^{n}p_i^{*2}dy_{ij}/p_{ij}^Ps_{ij}=\sum_{i=1}^{n}p_i^{*2}dm_{ij}/p_{ij}^DD_j \quad (7-9)$$

通过对公式（7－8）、公式（7－9）求解可得边境措施贸易量削减指数 B 和国内政策措施贸易量削减指数 D：

边境措施贸易量削减指数 B：

$$B_j = \{R_{Bj}a_{Bj} + S_{Bj}b_{Bj}\} \tag{7-10}$$

B_j 将各类边境措施转换成具有相同贸易量效应的单一等价关税，以此来判定边境措施对贸易量的影响，即用多大的等值关税可以起到与现有各类边境贸易政策相等的贸易量效果。B_j 由生产者扭曲等价和消费者扭曲等价两部分构成。其中：

$$R_{Bj} = [\sum_{i=1}^{n} t_{ij}u_{Bij}];\ S_{Bj} = [\sum_{i=1}^{n} t_{ij}v_{Bij}] \tag{7-11}$$

$$u_{Bij} = \frac{p_i^{*2}(dx_{ij}/dp_{ij})}{\sum_i p_i^{*2}(dx_{ij}/dp_{ij})} = [\rho_{Bij}/(1+t_{ij})](p_i^* x_{ij}) / \sum_i [\rho_{Bij}/(1+t_{ij})](p_i^* x_{ij}) \tag{7-12}$$

$$v_{Bij} = \frac{p_i^{*2}(dy_{ij}/dp_{ij})}{\sum_i p_i^{*2}(dy_{ij}/dp_{ij})} = [\sigma_{Bij}/(1+t_{ij})](p_i^* y_{ij}) / \sum_i [\sigma_{Bij}/(1+t_{ij})](p_i^* y_{ij}) \tag{7-13}$$

$$a_{Bj} = \frac{\sum_i p_i^{*2}(dx_{ij}/dp_{ij})}{\sum_i p_i^{*2}(dm_{ij}/dp_{ij})} \tag{7-14}$$

$$b_{Bj} = \frac{\sum_i p_i^{*2}(dy_{ij}/dp_{ij})}{\sum_i p_i^{*2}(dm_{ij}/dp_{ij})} \tag{7-15}$$

国内政策措施贸易量削减指数 D：

$$D_j = \{R_{Dj}a_{Dj} + S_{Dj}b_{Dj}\} \tag{7-16}$$

D_j 将各类国内政策措施转换成具有相同贸易量效应的单一等价关税，以此来判定国内政策措施变动对贸易量的影响，也即用多大的等值关税可以起到与现有各类边境贸易政策相等的贸易量效果。D_j 也由生产扭曲等价和消费者扭曲等价两部分构成。其中：

$$R_{Dj} = [\sum_{i=1}^{n} r_{ij}u_{Dij}]; \; S_{Dj} = [\sum_{i=1}^{n} s_{ij}v_{Dij}] \tag{7-17}$$

$$u_{Dij} = \frac{p_i^{*2}(dx_{ij}/dp_{ij}^{c})}{\sum_i p_i^{*2}(dx_{ij}/dp_{ij}^{c})} \tag{7-18}$$

$$v_{Dij} = \frac{p_i^{*2}(dy_{ij}/dp_{ij}^{p})}{\sum_i p_i^{*2}(dy_{ij}/dp_{ij}^{p})} \tag{7-19}$$

$$a_{Dj} = \frac{\sum_i p_i^{*2}(dx_{ij}/dp_{ij}^{c})}{\sum_i p_i^{*2}(dm_{ij}/dp_{ij}^{D})} \tag{7-20}$$

$$b_{Dj} = \frac{\sum_i p_i^{*2}(dy_{ij}/dp_{ij}^{P})}{\sum_i p_i^{*2}(dm_{ij}/dp_{ij}^{D})} \tag{7-21}$$

上文公式显示权重可以写成需求供给价格弹性及其他变量的函数。如果弹性数据可获取，面临相同政策扭曲时不同产品的不同反应可以更容易估算。甚至在缺少弹性数据的时候，只要简化假设，也可以用每种商品在没有扭曲时的国内消费和生产价值来估算相应的指数，这一假设需要国内农产品供给需求价格弹性都相等。本书与安德森（Anderson，2010）等文献的区别在于，国外文献对供需弹性做了简化，认为国内产品的需求弹性都相等，国内供给弹性也都相等，而本书计算了农产品的国内需求与供给弹性，更加切合中国的实际状况。

（三）进口竞争部门不同政策措施福利效果研究方法

与上述贸易量限制效果的推导类似，边境措施先实施，进而由国内政策措施进行补充。边境贸易政策措施造成国内福利损失为 L_{bij}，其数值应该为生产者剩余加上消费者剩余减去关税收入。

$$L_{Bij}=\frac{1}{2}\{[(p_i^* t_{ij})^2 dy_{ij}/dp_{ij}]-[(p_i^* t_{ij})^2 dx_{ij}/dp_{ij}]\} \tag{7-22}$$

公式（7-22）与前文贸易量表达式不同在于关税税率不仅决定了价格调整，而且也决定了价格调整后的数量变化，因此公式（7-22）中出现了价格与关税税率的平方。进而国内政策措施也作用于贸易福利：

$$L_{Tij}=\frac{1}{2}\{[(p_i^*(t_{ij}+s_{ij}))^2 dy_{ij}/dp_{ij}^p]-[(p_i^*(t_{ij}+r_{ij}))^2 dx_{ij}/dp_{ij}^c]\} \tag{7-23}$$

因此国内政策的福利影响可由下式得到：

$$\begin{aligned}L_{Dij}=&\frac{1}{2}\{[(p_i^*(t_{ij}+s_{ij}))^2 dy_{ij}/dp_{ij}^p]-[(p_i^* t_{ij})^2 dx_{ij}/dp_{ij}]\}\\&-\frac{1}{2}\{[(p_i^*(t_{ij}+r_{ij}))^2 dx_{ij}/dp_{ij}^c]-[(p_i^* t_{ij})^2 dy_{ij}/dp_{ij}]\}\end{aligned} \tag{7-24}$$

若 n 种进口竞争产品遭受不同水平的扭曲，j 国进口福利总的削减可以由公式（7-22）、公式（7-24）加总而得：

$$\begin{aligned}&\sum_{i=1}^{n}(p_i^* t_{ij})^2 dy_{ij}/dp_{ij}-\sum_{i=1}^{n}(p_i^* t_{ij})^2 dx_{ij}/dp_{ij}\\&=\sum_{i=1}^{n}(p_i^*\mathrm{WB}_j)^2 dm_{ij}/dp_{ij}\end{aligned} \tag{7-25}$$

$$\begin{aligned}&\sum_{i=1}^{n}(p_i^*(t_{ij}+s_{ij}))^2 dy_{ij}/dp_{ij}^p-\sum_{i=1}^{n}(p_i^* t_{ij})^2 dy_{ij}/dp_{ij}-\\&\sum_{i=1}^{n}(p_i^*(t_{ij}+r_{ij}))^2 dx_{ij}/dp_{ij}^c+\sum_{i=1}^{n}(p_i^* t_{ij})^2 dx_{ij}/dp_{ij}\\&=\sum_{i=1}^{n}(p_i^*\mathrm{WD}_j)^2 dm_{ij}/dp_{ij}^D\end{aligned} \tag{7-26}$$

通过对公式（7-25）、公式（7-26）求解可得：

边境措施贸易福利削减指数 WB：

$$\mathrm{WB}_j=\{R'_{Bj}a_{Bj}+S'_{Bj}b_{Bj}\} \tag{7-27}$$

其中，
$$R'_{Bj} = [\sum_{i=1}^{n} t_{ij}^2 u_{Bij}]^{1/2};\ S'_{Bj} = [\sum_{i=1}^{n} t_{ij}^2 v_{Bij}]^{1/2} \quad (7-28)$$

国内政策措施贸易福利削减指数 WD：

$$WD_j = \{(R'_{Dj1} a_{Dj1} - R'_{Dj2} a_{Dj2}) + (S'_{Dj1} b_{Dj1} - S'_{Dj2} b_{Dj2})\} \quad (7-29)$$

其中，
$$R'_{Bj} = [\sum_{i=1}^{n} t_{ij}^2 u_{Bij}]^{1/2};\ S'_{Bj} = [\sum_{i=1}^{n} t_{ij}^2 v_{Bij}]^{1/2} \quad (7-30)$$

上述边境贸易政策措施和国内政策措施的 IWRI（WB、WD）将各类政策措施分别转换成各自具有相同贸易福利效应的单一关税，以此来判定不同政策类型对贸易福利的影响，均由生产扭曲等价和消费者扭曲等价两部分构成。

上述两个主要指数还能拓展至出口部门，正向出口价格扭曲（出口补贴）降低了经济福利，如同正的进口价格扭曲（进口税）一样，但是对于贸易量而言则恰好相反。因此必须将出口部门和进口竞争部门分开计算，必须了解农业部门进出口状态的改变。

（四）出口部门不同政策效果研究方法

每一种 ITRI 和 IWRI 修改后拓展于出口产品。对于某一出口农产品而言，农产品出口补贴等具有正向贸易促进效果的价格扭曲削减了一国的贸易福利，如同进口竞争部门的进口税收等正向价格扭曲一样都降低了一国的福利水平。但是在出口部门诸如出口补贴等正向价格扭曲提高了农产品的出口贸易额，但是在进口竞争部门进口税收等价格扭曲政策却削减了贸易量。基于上述原因，如果将这两类不同性质的措施在不同部门间直接加总测算其效果，可能会因相互抵消而低估政策调整的效果，这也是为什么需要分部门估算 ITRI 和 IWRI 的原因。考虑到相同措施在不同农业部门的作用，对于计算出口部门的 ITRI 而言，基本等同于公式（7－10）：

$$B_{jx} = \{R_{BjX} a_{Bj} + S_{BjX} b_{Bj}\} \quad (7-31)$$

其中： $R_{BjX}=[\sum_{i=1}^{z}-t_{ij}u_{Bij}]$；$S_{BjX}=[\sum_{i=1}^{z}-t_{ij}v_{Bij}]$　(7－32)

ITRI 衡量的边境措施，相当于采用统一的出口税，如果作用于所有的出口品将产生相同的消费者和生产者价格扭曲的效果。如前面一样，此时在计算出口部门的 ITRI 时，首先，需要按照贸易流向划分哪些产品部门属于出口部门。其次，当估算出口部门的指数时，分别对生产者和消费者进行估计，仅在最后一步进行加总。公式（7－31）的加总，是出口商品的生产者价格扭曲和消费者价格扭曲水平的加权平均，权重和前文进口竞争部门是一样的。值得注意的是出口部门扭曲在公式（7－32）中是负值，那是因为较低的 t_i 在进口竞争部门削减了贸易限制指数，而较低的 t_i 在出口部门则增加了出口量。而对于出口农业部门所面临的国内政策措施变动引致的贸易量限制指数以及边境措施和国内政策措施所引致的贸易福利限制指数的计算都类似于进口竞争部门，和本书其他指数一样都能具有相同的特性。

三、结果及解释

（一）中国农业不同政策措施调整效果

从表 7－1 年度时间序列数据来看，当世界农产品价格波动较明显时，中国不同政策措施的效果也存在着差异。通过改变边境贸易措施隔离国内外市场的联动影响，无论在发达国家还是发展中国家都运用的较为常见（Anderson，2010）。表 7－1 和表 7－2 是中国农业政策措施的 ITRI 和 IWRI 指数的时间序列。值得关注的是边境贸易措施在所有措施中占据主要地位，原因在于边境贸易措施对于生产者和消费者均有影响，而国内政策措施仅影响生产或消费中的一方。

表 7－1　　　中国农产品不同政策措施分类数量效果

年份	生产者层面			消费者层面		
	所有措施	边境措施	国内措施	所有措施	边境措施	国内措施
1995	0.0400	0.1162	0.0027	0.0510	0.1183	0.0086
1996	0.0390	0.0722	0.0105	0.0450	0.1136	0.0017
1997	0.0470	0.1722	0.0076	0.0500	0.1657	0.0096
1998	0.0240	0.1617	-0.0063	0.0310	0.1474	-0.0014
1999	0.0370	0.1039	0.0131	0.0160	0.1332	-0.0081
2000	0.0260	0.1357	0.0031	0.0150	0.1427	-0.0096
2001	-0.0010	0.0087	-0.0019	-0.0060	0.0269	-0.0091
2002	0.0220	0.0286	0.0126	0.0020	0.0407	-0.0054
2003	-0.0040	0.0502	-0.0102	-0.0120	0.0405	-0.0168
2004	0.0110	0.0649	-0.0009	0.0170	0.0680	0.0007
2005	0.0040	0.0239	-0.0246	0.0330	0.0256	0.0161
2006	-0.0390	0.0203	-0.2083	-0.0270	0.0252	-0.2065
2007	0.0230	0.0364	-0.0214	0.0290	0.0387	-0.0187
2008	0.0700	0.0288	0.0486	0.0590	0.0175	0.0459
2009	0.1080	0.1282	0.0178	0.1440	0.1512	0.0233
2010	-0.0760	0.1398	-0.0961	-0.0210	0.1836	-0.0955
2011	0.0820	0.1197	0.0280	0.0450	0.1131	0.1237

资料来源：依据相关数据计算得到。

表 7－2　　　中国农产品不同政策措施分类福利效果

年份	生产者层面			消费者层面		
	所有措施	边境措施	国内措施	所有措施	边境措施	国内措施
1995	14.7150	8.0934	17.8302	14.4750	16.7156	1.4372
1996	10.7270	5.8998	11.6777	10.9760	12.2066	0.2912
1997	11.4930	6.3211	15.3349	11.3160	15.1510	2.5167

续表

年份	生产者层面			消费者层面		
	所有措施	边境措施	国内措施	所有措施	边境措施	国内措施
1998	11.9310	6.5618	15.0384	11.3810	14.2045	3.4706
1999	8.4040	4.6224	9.9619	10.2370	13.5474	2.9871
2000	9.4810	5.2144	14.2590	11.4910	17.2366	1.7191
2001	6.1770	3.3974	5.9867	8.3130	9.2451	3.0886
2002	7.1630	3.9395	6.0715	8.7010	9.0670	3.5285
2003	7.0950	3.9025	7.5440	8.0890	7.8866	3.3955
2004	5.6810	3.1245	8.3396	7.7790	9.8966	1.8109
2005	16.3870	9.0127	11.0078	10.5060	5.4077	6.2366
2006	20.0800	11.0442	7.0381	19.7990	7.2639	20.2615
2007	17.3800	9.5591	10.3665	17.2180	10.1484	8.0661
2008	23.5730	12.9650	4.4008	22.7360	4.7642	14.2233
2009	33.8890	18.6390	20.1230	36.7020	22.3465	17.2172
2010	25.5530	14.0544	21.6605	29.7010	24.5293	11.3348
2011	21.9300	12.8224	20.1128	26.8400	20.2582	21.6724

资料来源：依据相关数据计算得到。

综合图 7－2、图 7－3 可以看出，对于不同政策措施的贸易量效应而言，入世前夕呈现较高趋势，入世后为逐步降低的趋势。在农业政策组合中，无论是生产者层面还是消费者层面的贸易量效应，边境措施的效应在总效应中所占的比重都是较大的。图 7－2、图 7－3 的差异在于随着入世承诺的不断实现，中国逐年减少边境措施对农产品贸易的影响，在符合 WTO 规则协议的基础上逐年增加了国内支持措施，尤其在消费者层面表现得更为显著。

图 7－4、图 7－5 可以看出，不同政策措施的福利效应呈现异常，国内措施和边境措施对于生产者和消费者福利的影响是截然不同的。在入世之前，边境措施的效果小于国内措施，但是由图 7－4 可知入

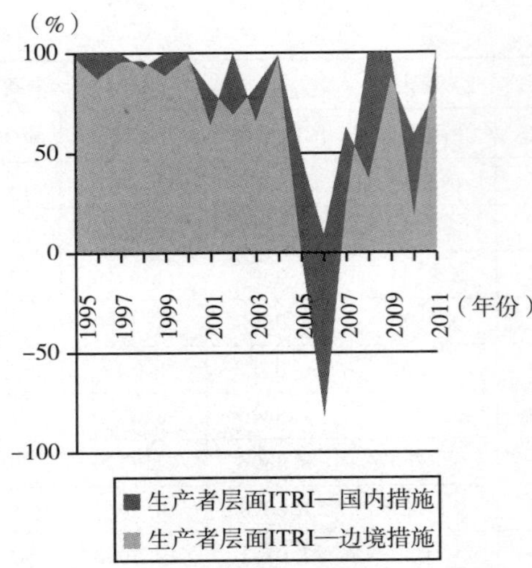

图 7－2　生产者层面的 ITRI 措施效果

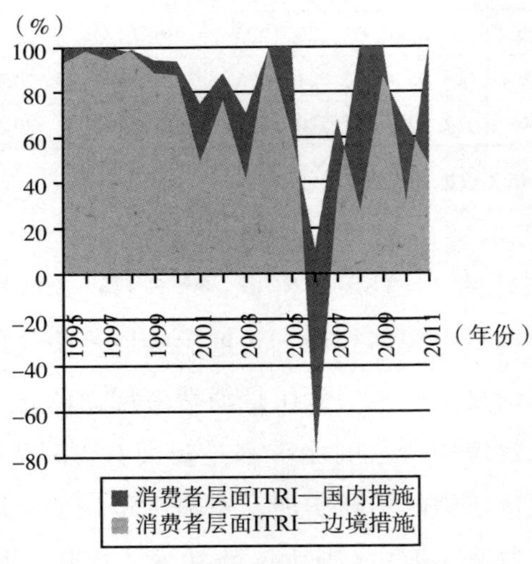

图 7－3　消费者层面的 ITRI 措施效果

世以来农业边境政策调整对生产者的福利影响开始大于国内措施的影响，而且呈现上升趋势。消费者福利效应由图 7－5 可知，消费者在农业政策调整中所遭受的福利变化虽然呈现下降趋势，但边境效应仍然占据了较大比例，国内措施对福利的影响开始显现。对于 IWRI 来讲，边境措施决定了绝大多数时期的政策效果，其中的进口关税又占据了边境措施的大部分比例，但是比重却呈现下降趋势，因为中国在入世后的关税税率在逐年降低，2011 年中国农产品总体关税水平仅为 15.2%，远远低于其他发展中国家。

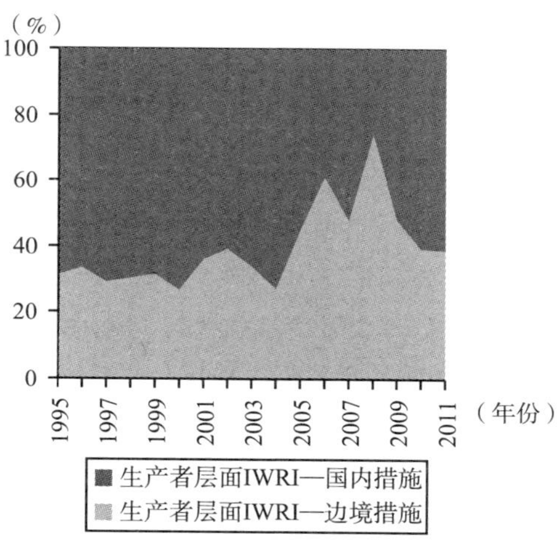

图 7-4　生产者层面的 IWRI 措施效果

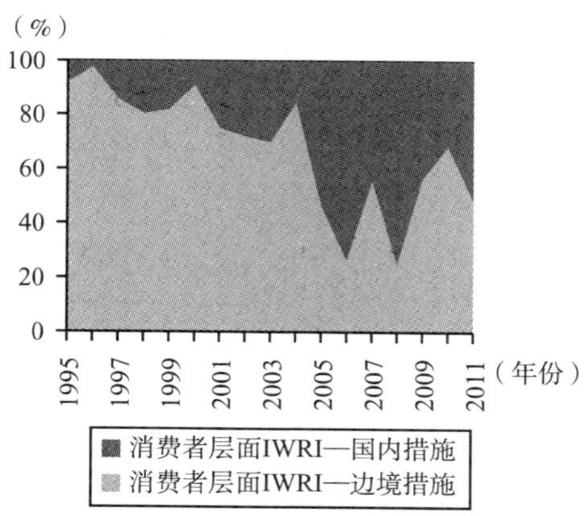

图 7-5　消费者层面的 IWRI 措施效果

表 7-3 和图 7-6 显示，在边境措施中，进口关税对于贸易的削

表 7-3　　中国农业政策细分工具的贸易数量效果

年份	生产者层面							消费者层面						
	边境措施				国内措施			边境措施				国内措施		
	进口税	进口补贴	出口税	出口补贴	生产税	生产补贴	农业投入补贴	进口税	进口补贴	出口税	出口补贴	生产税	生产补贴	农业投入补贴
1995	0.0617	0.0155	0.0030	0.0137	0.1213	0.0028	0.0088	0.0211	0.0053	0.0010	0.0047	0.1398	0.0032	0.0101
1996	0.0489	0.0143	0.0032	0.0133	0.1165	0.0108	0.0018	0.0167	0.0049	0.0011	0.0045	0.1343	0.0125	0.0021
1997	0.0889	0.0165	0.0045	0.0160	0.1699	0.0078	0.0098	0.0304	0.0056	0.0015	0.0055	0.1958	0.009	0.0113
1998	0.0813	0.0093	-0.0020	0.0081	0.1512	-0.0065	-0.0014	0.0278	0.0032	-0.0007	0.0028	0.1742	-0.0075	-0.0016
1999	0.0624	0.0091	0.0013	0.0128	0.1366	0.0134	-0.0083	0.0213	0.0031	0.0004	0.0044	0.1573	0.0154	-0.0096
2000	0.0733	0.0070	-0.0017	0.0090	0.1464	0.0032	-0.0099	0.0251	0.0024	-0.0006	0.0031	0.1686	0.0037	-0.0114
2001	0.0094	-0.0011	-0.0029	-0.0003	0.0276	-0.0020	-0.0093	0.0032	-0.0004	-0.0010	-0.0001	0.0318	-0.0023	-0.0107
2002	0.0182	0.0042	0.0019	0.0076	0.0417	0.0129	-0.0055	0.0062	0.0014	0.0007	0.0026	0.048	0.0149	-0.0063
2003	0.0239	-0.0027	-0.0071	-0.0015	0.0415	-0.0105	-0.0173	0.0082	-0.0009	-0.0024	-0.0005	0.0478	-0.0121	-0.0199
2004	0.0350	0.0049	0	0.0039	0.0698	-0.0009	0.0007	0.0120	0.0017	0	0.0013	0.0804	-0.0010	0.0008
2005	0.0130	0.0064	-0.0022	0.0004	0.0263	-0.0252	0.0165	0.0045	0.0022	-0.0008	0.0005	0.0303	-0.0290	0.0190
2006	0.0120	-0.0112	-0.0291	-0.0013	0.0259	-0.2136	-0.2118	0.0041	-0.0038	-0.0373	-0.0045	0.0298	-0.2461	-0.2440
2007	0.0198	0.0088	-0.0105	0.0007	0.0397	-0.0219	-0.0192	0.0068	0.0030	-0.0036	0.0027	0.0229	-0.0252	-0.0221
2008	0.0122	0.0221	0.0249	0.0002	0.0179	0.0499	0.0470	0.0042	0.0076	0.0085	0.0082	0.0104	0.0575	0.0542
2009	0.0735	0.0431	0.0108	0	0.1551	0.0183	0.0239	0.0251	0.0147	0.0037	0.0127	0.0894	0.0211	0.0275
2010	0.0851	-0.0167	-0.0504	0	0.1883	-0.0985	-0.0980	0.0291	-0.0057	-0.0172	-0.0089	0.1085	-0.1135	-0.1128
2011	0.0328	0.0594	0.0669	0	0.0547	0.0407	0.0594	0.0273	0.0495	0.0557	0.0534	0.0228	0.0339	0.0495

资料来源：依据相关数据计算得到。

减效应最大，其次是出口税。出于国内农业产业结构的调整和粮食安全目标的实现，中国在开放国内市场的同时在最低承诺的基础上科学实施边境政策，在一些关键时点上（如 2007 年、2010 年等）利用不同措施组合，科学调控农产品的生产和贸易。因入世中国承诺逐步取消出口补贴，图 7 -6 生产者层面的分解中我们可以看到在入世后农业出口补贴的份额逐年下降直至为 0。另外边境措施中的进口补贴在入世后有扩大的趋势，原因在于农产品市场的放开对于中国具有生产劣势的大宗农产品而言面临一定的竞争压力，对于粮食类农产品的生产产生了一定的负面影响，此时增加进口补贴，有利于在保障粮食安全性目标的同时科学调整中国农业生产结构，同时中国政府从 2009 年 7 月起取消了小麦、稻米等相关商品的出口关税，有利于在连续粮食丰产后继续鼓励农户耕种农作物。图 7 -7 消费者层面中所考察的四种边境措施与生产者层面基本相似，进口关税对贸易量的影响是最大的，但也是呈明显的下降趋势。进出口补贴对贸易的影响也较为显著，且呈现上升的趋势。

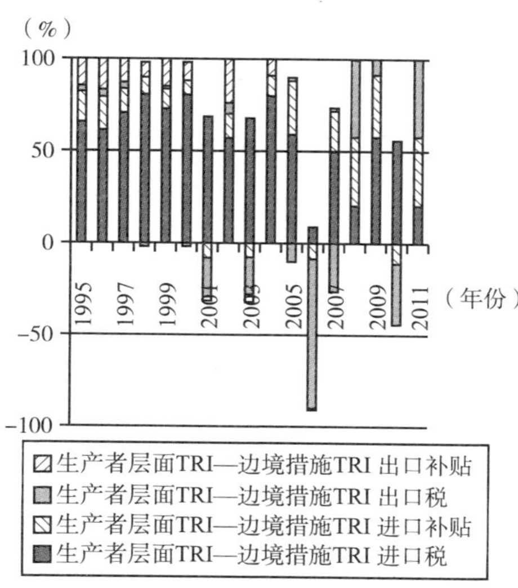

图 7 -6 四种边境措施在生产者层面 TRI 中的比重

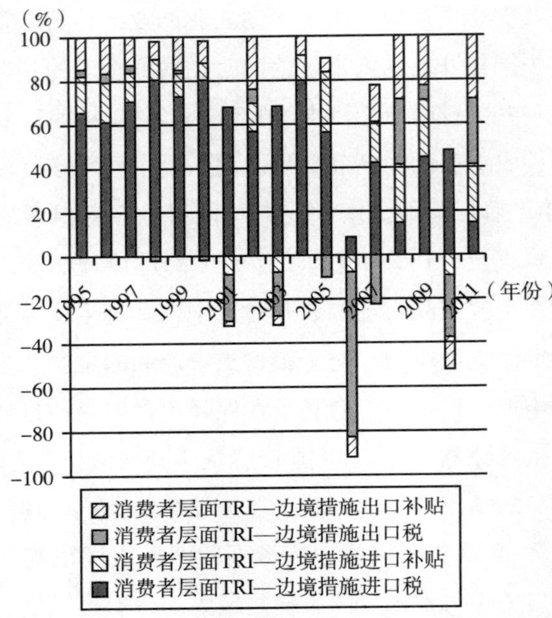

图 7－7　四种边境措施在消费者层面 TRI 中的比重

就国内农业措施而言，表 7－3 和图 7－8、图 7－9 显示了农业生产税的比重呈现明显的下降趋势，这和中国农业赋税制度的改革是相一致的。中国政府根据不同的目标，选择不同的农业税，其经济社会效应差异明显。入世十多年来，在建立社会主义市场经济总体制度安排和实现入世承诺的大趋势下，农业税制度的副作用甚至弊端开始日益显现，因此中国政府从根本上取消了农业税，减轻农民的负担。1995 年是中国财政补贴农业政策初步发展阶段，政府财政补贴农业的力度在增加，强化了对生态建设和农村税费改革的支持。从 2004 年开始，中国每年都通过中央“一号文件”对财政补贴农业进行政策性指导和支持。WTO 农产品协议对农业补贴做了专门规定，当前，中国实施的农业补贴中的“黄箱”支出主要包括价格措施和农业生产资料补贴两部分，但是从特定农产品的价格支持来看，中国的支持水平目前很低。中国农业发展正在由负保护逐渐向正保护过渡，中国总体

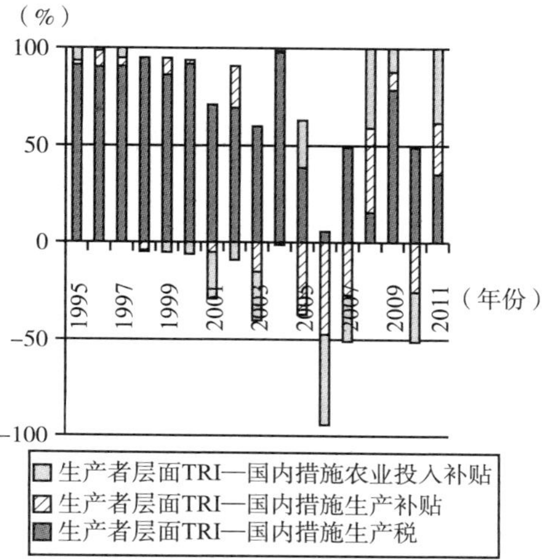

图 7-8 三种国内政策措施在生产者层面 TRI 中的比重

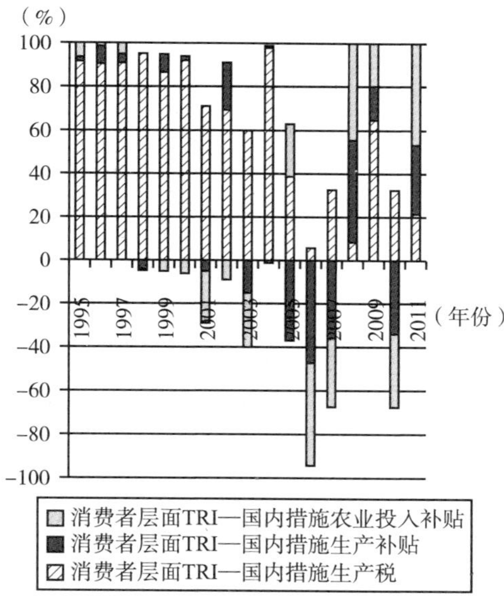

图 7-9 三种国内政策措施在消费者层面 TRI 中的比重

上已经进入以工促农，以城带乡的发展阶段。从图 7-8 国内措施的组成来看，目前中国农业补贴结构侧重于农业生产过程的补贴和农产品交换过程的补贴，在生产领域的补贴主要由农业基础设施建设补贴、生产资料补贴等。因此，今后要在 WTO 规则范围内拓宽“绿箱”补贴的内容，改革“黄箱”政策，加大对农业基础设施的补贴，缓解农业发展的“瓶颈”制约，增加对农业科研投入以推动农业增长方式的转变，提升农业整体竞争力。

表 7－4 和图 7－10、图 7－11 中四种细分边境措施中的进口税对生产者和消费者的福利削减的影响最大。进口关税税率的变化不仅影响进口商品的价格，而且也会影响进口商品的数量。进口农产品进入国内市场的防线为两道：一是边境措施，二是国内政策，关税保护成为保护农业的最主要的贸易措施。入世以来，中国农产品平均关税已经降至 12%，成为农产品进口关税较低的国家之一。图中显示的进口税造成的福利影响占据了近 40% 的份额。出口税的福利损失在入世前后出现了一定程度的上升，所占贸易福利损失的份额逐步上升，在 2007 年之后的比重加大的原因在于世界粮食危机对中国粮食安全的影响。戴奥（Diao，2001）研究得出 1995 年 89% 的农业政策成本源自市场准入的进口关税，10% 来自国内生产者支持，1% 来自出口补贴。安德森等（Anderson et al.，2006）得出 2001 年全球进口保护和补贴的成本，93% 归因于关税，国内支持措施成本约为 5%，出口补贴为 2%。图 7－10、图 7－11 中的中国农业政策调整的福利效果的变化趋势与已有研究呈现一致的趋势，边境措施中的进口关税和进口补贴占据了消费者福利损失的 65%。而中国入世承诺的出口补贴，无论对于生产者还是消费者而言，其所引发的福利损失都呈现了明显的下降，尤其是消费者层面的变化更加的显著，由入世前所占比重的 30% 甚至降低到 0。

表 7－4 和图 7－12、图 7－13 中中国国内政策措施的影响在生产者和消费者层面出现了相似的变化。农业投入补贴和农业生产补贴在三种措施中的比重逐年增大，农业生产税因为中国农村税费改革后逐

表 7 - 4　中国农业政策细分工具的贸易福利效果

年份	生产者层面							消费者层面						
	边境措施				国内政策措施			边境措施				国内政策措施		
	进口税	进口补贴	出口税	出口补贴	生产税	生产补贴	农业投入补贴	进口税	进口补贴	出口税	出口补贴	生产税	生产补贴	农业投入补贴
1995	22. 572	23. 738	1. 724	6. 540	12. 865	28. 814	27. 012	19. 476	13. 103	1. 618	12. 273	12. 072	27. 037	25. 347
1996	16. 783	16. 408	2. 018	4. 767	9. 755	18. 871	19. 726	14. 481	9. 057	1. 893	8. 946	9. 154	17. 708	18. 510
1997	17. 638	20. 938	4. 398	5. 107	10. 058	24. 781	24. 484	15. 219	11. 557	4. 127	9. 585	9. 438	23. 253	22. 974
1998	18. 031	20. 092	6. 040	5. 302	10. 116	24. 302	22. 955	15. 558	11. 090	5. 668	9. 950	9. 492	22. 804	21. 539
1999	14. 484	16. 333	5. 008	3. 735	9. 099	16. 098	21. 893	12. 497	9. 015	4. 700	7. 009	8. 538	15. 106	20. 543
2000	16. 291	21. 728	3. 515	4. 213	10. 213	23. 043	27. 854	14. 056	11. 993	3. 299	7. 907	9. 584	21. 622	26. 137
2001	11. 326	10. 698	4. 804	2. 745	7. 389	9. 675	14. 940	9. 772	5. 905	4. 508	5. 152	6. 933	9. 078	14. 019
2002	12. 324	10. 599	5. 720	3. 183	7. 734	9. 812	14. 652	10. 634	5. 850	5. 367	5. 974	7. 257	9. 207	13. 749
2003	11. 767	10. 600	5. 222	3. 153	7. 190	12. 191	12. 745	10. 153	5. 851	4. 900	5. 918	6. 746	11. 440	11. 959
2004	10. 533	12. 570	2. 432	2. 525	6. 914	13. 477	15. 993	9. 089	6. 938	2. 282	4. 738	6. 487	12. 646	15. 007
2005	21. 286	11. 912	9. 499	7. 282	3. 694	17. 789	8. 739	11. 020	6. 575	8. 914	2. 804	8. 762	16. 692	8. 200
2006	30. 837	9. 824	32. 815	8. 924	3. 867	11. 374	11. 739	15. 965	5. 422	30. 791	3. 163	3. 925	10. 672	11. 015
2007	26. 753	14. 090	13. 000	7. 724	3. 595	16. 752	16. 400	13. 850	7. 777	12. 198	2. 061	4. 428	15. 719	15. 389
2008	35. 815	6. 300	22. 861	10. 476	2. 739	7. 112	7. 699	18. 541	3. 477	21. 451	2. 389	2. 885	6. 673	7. 224
2009	54. 628	29. 208	27. 787	15. 060	1. 773	32. 519	36. 112	28. 281	16. 122	26. 074	2. 367	3. 345	30. 514	33. 886
2010	42. 846	31. 784	18. 395	11. 356	0. 719	35. 003	39. 639	22. 182	17. 544	17. 261	1. 895	3. 314	32. 845	37. 195
2011	38. 304	28. 415	16. 445	10. 152	0. 600	31. 293	35. 438	19. 830	15. 684	15. 431	1. 044	2. 653	29. 364	33. 253

资料来源：依据相关数据计算得到。

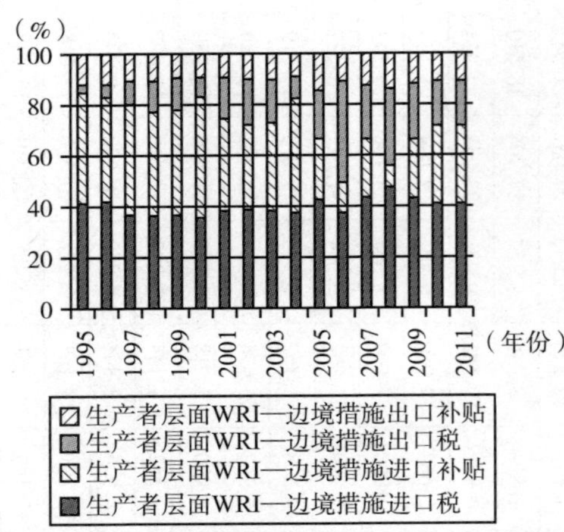

图 7-10　四种边境措施在生产者层面 WRI 中的比重

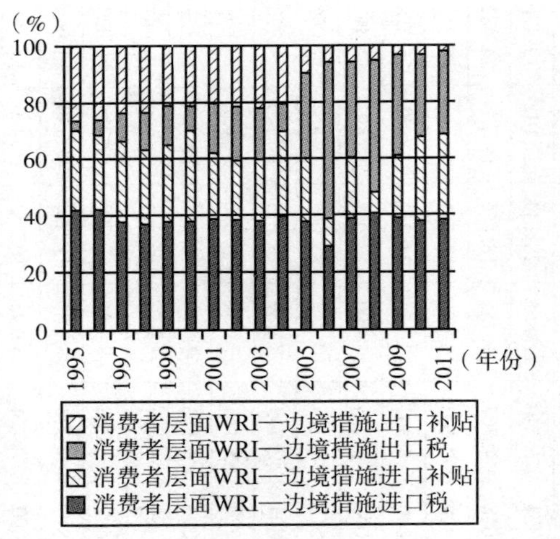

图 7-11　四种边境措施在消费者层面 WRI 中的比重

渐萎缩至 0。中国政府全面免征农业税，标志着以农养政的时代终结。"十一五"时期中国中央财政"三农"投入累计 3 万亿元，年均增幅超过 23%，彻底取消农业税和各种收费，每年减轻农民负担超过 1335 亿元，发放的农民生产补贴资金 1226 亿元。入世以来，中国出台了一系列新的农业国内政策措施，中国农业政策发生了根本性的变化，这些变化主要源自粮食安全的关注和城乡居民收入差距的扩大等因素的推动。党的十八大报告中提出要加大统筹城乡力度，增强农村发展活力。国家从 2002 年开始加大了对农民多予的力度，良种补贴、农机具补贴等国内支持政策相继实施，国家把更多的城市资源向农村调配，通过城市来带动农村、农业、农民的发展。在中国“四化”建设和国际市场的深刻影响下，中国农村经济社会发展出现了许多阶段性、转折性、标志性和历史性的新变化，进而反映出农业农村自身的发展水平和运行机制、面临的发展环境与条件、肩负的任务和使命都发生了深刻的变化。目前农产品需求发生了深刻变化，供求关系从总量平衡、丰年有余向总体上平衡、结构性偏紧的转变，保障国家粮食安全和重要农产品的有效供给任务更加艰巨。中国农业的投入和成本结构发生了深刻变化，农业发展正在从低投入、低成本向高投入、高成本转变，保障农业效益和提升农产品的竞争力问题越来越突出。因此国家农业支持体现将需要进一步的完善，总的方向是扩大投入总量，完善补贴政策，健全价格保护体系。2013 年中央“一号文件”也提出要推进城乡公共服务，主要涉及宣传和落实国家的各项惠农政策，宣传和落实国家的粮食直补、良种补贴、退耕还林补贴等，让国家支持农业政策更加的透明与公开。进而可以依据国内外农业发展的经验，按照入世后农业生产和市场经济发展的要求，建立健全农业法规体系，充分利用 WTO“绿箱”政策条款强化对农业的投入支持，构建强大的支撑体系，才能确保农业整体竞争力的增强。

表 7－3、表 7－4 显示的不同政策措施对生产者和消费贸易量和贸易福利降低的影响比例，进出口税分别起到了一半左右的作用，这与世界农产品贸易自由化的历程是相吻合的。同时上述年度时间序列揭示了不同时期不同政策的相互作用与贡献，当国际农产品价格起伏变化的时候。因遭遇国际市场的动荡，改变国内外措施有助于平稳国内市场。

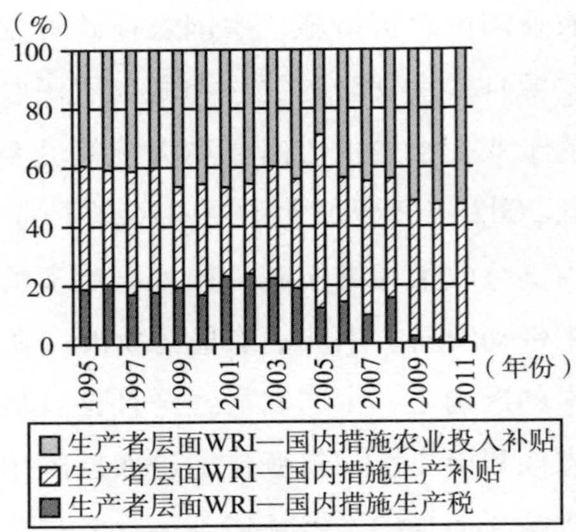

图 7-12　三种国内措施在生产者层面 WRI 中的比重

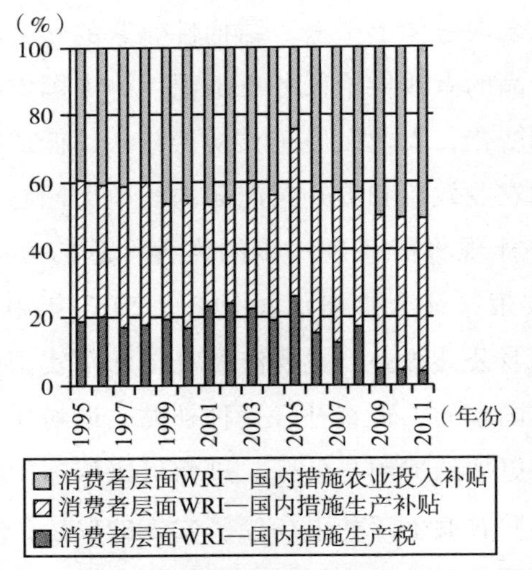

图 7-13　三种国内政策措施在消费者层面 WRI 中的比重

(二) 国家间农业不同政策措施调整效果对比

表 7-5 给出了中国与其他类型的国家地区的政策效果的对比。从表 7-5 中生产者层面的所有措施效果来看，中国由入世前的 0.04 下降到 0.32，在入世前后发生了显著变化，中国边境措施的贸易量效

应在所考察的国家地区中是最低的。就边境措施而言，随着中国关税和非关税措施的逐年削减，表7－5中的数据也反映了这一变化趋势，边境措施的影响由入世前的0.2075下降到0.03左右，与发达国家的边境贸易措施的效应基本持平，但是仍然低于发展中国家和世界总体水平，中国现有农业边境贸易措施对农产品贸易量的影响较小。就国内政策措施而言，因中国经济发展水平与世界发达国家存在显著的差异，中国农业国内政策在入世后才由赋税农业向反哺农业转变，因此中国农业国内政策措施在入世之前呈现负值，在近几年政府不断加大农业各项投入的基础上也仅仅达到0.02的水平。而发达国家由于经济实力雄厚，对农业实施了力度较大的支持，这些国家一直把世界市场作为农产品调节余缺的平衡器，表7－5中的数据显示发达国家农业国内措施的效应基本上维持在0.5左右，大大高于中国目前农业支持的影响。根据WTO组织公布的数据，发达国家对农民收入的支持比例来看，美国是20%，欧盟是32%，日本是55%，韩国高达60%，农业产业政策和农业补贴是发达国家农业国内政策的核心内容。中国政府对农业的支持和保护力度虽然近几年不断增大，但是与发达国家相比，差距依然很大。目前中国农业支持总量仅占农业总量的3.6%，远低于WTO其他成员的水平，按照中国入世承诺的8.5%而言还有很大的利用空间。今后的发展中应该多借鉴发达国家的农业支持政策调整的经验，完善国内支持政策体系，调整支持结构，提高农业的整体竞争力。表7－5中消费者层面的所有措施、边境措施、国内效果来看，其变化趋势与生产者层面基本一致。从表7－5中得出的结论是不同措施的效果是存在一定差别的，边境措施的效应在逐年下降，而国内政策措施的效果却不显著。因此今后中国应在不同种类的政策措施中加以科学选择，以提高中国农业政策对中国农业的有力保障。

表 7－5　　国家间不同农业政策措施的数量效果对比

	地区	政策措施	1995 年	2001 年	2006 年	2011 年
生产者层面	中国	所有政策措施	0.0400	0.0260	－0.0390	0.0320
		边境措施	0.2075	0.0311	0.0402	0.0338
		国内政策措施	－0.0098	－0.0096	0.0367	0.0227
	发展中国家	所有政策措施	0.0480	0.0312	－0.0468	0.0483
		边境措施	0.2581	0.0387	0.0500	0.0665
		国内政策措施	－0.0145	0.0141	0.5419	0.3361
	发达国家	所有政策措施	0.0564	0.0367	－0.0550	0.1156
		边境措施	0.2179	0.0326	0.0422	0.0375
		国内政策措施	0.4190	0.5185	0.5085	0.5394
	世界整体	所有政策措施	0.0524	0.0341	－0.0511	0.0474
		边境措施	0.2513	0.0376	0.0487	0.0621
		国内政策措施	0.0140	0.0136	0.5224	0.3240
消费者层面	中国	所有政策措施	0.0510	0.0150	－0.0270	0.0450
		边境措施	0.1183	0.1427	0.0252	0.1131
		国内政策措施	0.0086	－0.0096	－0.2065	0.1237
	发展中国家	所有政策措施	0.0611	0.0180	－0.0324	0.0539
		边境措施	0.1472	0.1775	0.0314	0.1406
		国内政策措施	0.0127	－0.0142	－0.3048	0.1826
	发达国家	所有政策措施	0.0719	0.0212	－0.0381	0.0635
		边境措施	0.1242	0.1499	0.0265	0.1187
		国内政策措施	0.0144	－0.0162	－0.3466	0.2076
	世界整体	所有政策措施	0.0668	0.0197	－0.0354	0.0590
		边境措施	0.1433	0.1729	0.0305	0.1369
		国内政策措施	0.0122	－0.0137	－0.2938	0.1760

资料来源：依据相关数据计算得到。

表 7－6 给出了中国与其他类型的国家地区的政策效果的数据对

比。一国通常限制农产品进口的措施主要有征税和设置非关税壁垒两种手段，抬高国外农产品价格，削弱其竞争力，限制其进入。从表7－6中生产者层面所有措施的福利效果来看，中国的农业政策效应总体上依然低于世界水平。具体而言，中国生产者层面的所有措施福利效应呈现先下降后上升的趋势，由1995年的14%左右经过入世前夕的大幅下降至2001年的6%，后又出现了较高负担的上升，目前维持在20%左右。而表中所列的其他国家地区的所有政策效果都高于中国，基本维持在25%以上，发达国家的水平最高，接近了30%。在政策措施的分解中，边境措施对于中国贸易福利的影响呈现了下降的趋势，也即边境贸易措施对贸易福利的影响在下降。而中国国内政策措施的福利效应却在上升，这也是与中国近几年不断加大农业支持力度相吻合的。尽管中国农业国内政策措施的福利效果在上升，但是依然低于发展中国家和发达国家的水平，这也印证了中国农业支持还存在较大的提高空间。表7－6中数据显示，发达国家的国内政策措施的福利效应达到了30%左右，远远高于中国20%的水平。表7－6中消费者层面的中国农业政策所有措施的总体效果与其他国家地区相比较而言维持在16%左右，仅为发达国家和发展中国家的一半水平，也低于世界总体水平，说明中国农业政策对消费者的福利影响程度较低。就边境措施而言，中国的数据显示了入世以来的显著变化，呈现明显下降的趋势，边境措施效果由16%下降至10%，为发达国家和世界总体水平的一半，中国农产品贸易更加的自由化。而农业国内政策措施的消费者层面效应与边境措施正好相反，却出现了上升态势，这说明中国在降低边境措施的同时科学调整了国内政策措施，以提高中国农业的整体竞争力。WTO要求成员国作削减和约束承诺的国内农业支持措施主要指的是有可能对农业生产和贸易产生扭曲作用的政策，这些政策可以快速地促进农业生产发展，提高农产品的竞争能力。就其数值而言，和生产者层面一样，远低于发达国家和世界总体水平，比较而言提升的余地还很大。因为从世界总体来看，美欧等发达国家在世界农产品贸易中处于支配地位，高额的国内补贴和支持使得发达国家在谷类、肉类和乳品贸易中占据主导地位，并促使其将进一步增强对世界粮食市场和农产品市场的掌控力，这样的贸易格局对于世界农产品市场产生一定的扭曲作用，对中国农产品贸易也将起到一定的负面影响。世界各国所采取的农业发展政策和结构政策似乎并没有减缓而是加重了农业市场面临的问题，因此我们要进一步积极采取措施，加大农业生产的支持保护力度，维护农产品市场的稳定。今后要进一步整合农产品比较优势与调整农产品对外贸易结构，通过适当进口一部分缺乏比较优势的农产品，释放出部分稀缺农业资源，用于生产更具比较优势的出口农产品，从而提高中国的总体福利效应。

表 7-6　　国家间不同农业政策措施的福利效果对比

地区		政策措施	1995 年	2001 年	2006 年	2011 年
生产者层面	中国	所有政策措施	14. 7150	6. 1770	20. 0800	21. 9300
		边境措施	18. 0934	13. 3974	11. 0442	12. 8224
		国内政策措施	7. 8302	5. 9867	17. 0381	20. 1128
	发展中国家	所有政策措施	17. 6397	20. 4047	24. 0710	26. 2887
		边境措施	10. 0674	4. 2260	13. 7379	15. 9498
		国内政策措施	26. 3191	8. 8369	10. 3890	29. 6885
	发达国家	所有政策措施	24. 7482	25. 7096	28. 3128	30. 9213
		边境措施	12. 4984	13. 5674	14. 5968	13. 4641
		国内政策措施	29. 9271	26. 0484	29. 8132	33. 7584
	世界整体	所有政策措施	19. 2767	24. 0919	26. 3048	28. 7283
		边境措施	14. 8019	13. 1146	13. 3756	15. 5292
		国内政策措施	25. 3723	18. 5190	23. 0153	28. 6205

续表

地区		政策措施	1995 年	2001 年	2006 年	2011 年
消费者层面	中国	所有政策措施	14.4750	8.3130	19.7990	16.8400
		边境措施	16.7156	9.2451	11.2639	10.2582
		国内政策措施	1.4372	11.0886	20.2615	21.6724
	发展中国家	所有政策措施	17.3520	19.9653	23.7342	32.1746
		边境措施	20.7925	18.5000	19.0356	25.1992
		国内政策措施	12.1214	14.5591	29.9080	31.9906
	发达国家	所有政策措施	20.4098	11.7213	27.9166	37.8444
		边境措施	17.5520	19.7078	17.6274	21.2719
		国内政策措施	2.4122	15.1841	34.0080	36.3761
	世界整体	所有政策措施	18.9623	19.8900	25.9367	26.1604
		边境措施	20.2442	21.1968	18.7974	24.5347
		国内政策措施	22.0451	24.3951	28.8321	30.8398

资料来源：依据相关数据计算得到。

四、本章小结

本章在上一章的基础上系统测算了不同类型的农业政策调整对贸易的影响，借鉴已有文献研究了不同政策措施的效应，并计算了不同政策措施的相对贡献大小，形成了农产品贸易量和贸易福利限制指数，能够用于不同国家、不同部门间的比较。本章计算结果可为今后中国农业政策进一步科学调整提供数据和方法支撑，不同农业政策的效应存在差异，可以为今后不同政策措施的针对性使用提供决策依据，可以合理的配置农业政策资源，决定农业政策调整和变更。

第八章

结论及政策建议

一、全文结论

中国是农业大国，但还不是农业强国。入世十多年，中国农业贸易政策调整和体制改革力度之大、影响之深，史无前例，已初步建立和完善了符合世贸组织规则的强农、惠农、富农政策体系。在经济全球化和区域经济一体化的大背景、大趋势下，中国农业对外开放仍将保持较快的步伐，农业发展还将面临更多的新挑战。入世十多年，中国农业应对了许多现实的挑战，积累了一些实战经验。为避免国际市场对国内生产的冲击，必须对农业进行全面保护。为此，既要设立适当的边境保护，又要对国内支持政策进行系统的调整，还要通过生产结构的改善，提高比较优势和国际竞争能力。

中国作为一个负责任的大国，农业市场准入和支持措施始终是在WTO的体系和框架下实施的，且总体水平未超过入世承诺。本书紧扣入世以来的中国农业政策调整的现状，第一，系统回顾了中国农业边境贸易政策和国内政策的调整历程，及由此带来的中国农业生产和贸易格局。第二，采用显示性比较优势指标、国内资源成本系数比等指标体系对中国农业比较优势和贸易条件进行了系统测算。第三，在入世农业政策调整的基础上，量化了非关税贸易措施的效果，对农业贸易政策调整效果展开了定量测算，并度量了农业贸易整体调整效果与比较优势变动的关系。第四，因中国资源禀赋等原因形成的中国进出口部门不同的比较优势，农业政策的调整对不同比较优势部门的影响也是政策调整需要科学考量的问题。因此，进一步将中国农业部门分为进口竞争部门和出口部门展开研究，并将结果进行中国不同年份的纵向比较和不同地区国家类型的横向比较，并把本书测算结果与已有结果相对比，说明贸易限制指数的优越性。第五，进一步探讨中国农业政策调整中的边境贸易措施和国内政策措施对农产品贸易量和贸易福利的影响，为科学认识不同政策措施的作用提供数据支持。因此，基于本书的系统研究，得出以下结论：

（一）农产品非关税贸易措施具有一定的针对性和有效保护性

从非关税贸易措施的量化结果来看，中国目前非关税贸易壁垒的设置可以在一定程度上保护中国农业的发展，但也反映出非关税贸易壁垒在某些产品上设置的不合理性，量化结果揭示了现行的农产品贸易政策因保护效果差异而存在一定的调整空间，今后可以结合农产品特征适当地调整政策以达到最优效果。运用贸易限制指数计算了中国农产品非关税贸易措施的整体和分类保护效果，为中国农产品非关税贸易措施实施总体效果评价提供了量化测度，且研究运用的以进口需求弹性和进口贸易量为权重贸易限制指数方法具有更好的理论依据和测度合理性。研究结果表明中国经调整的现有非关税贸易措施对中国农产品进口整体保护效果较好，现有非关税贸易措施具有较好的针对性。从分类贸易限制指数结果来看，中国目前的非关税贸易措施可以在一定程度上有利于中国农业的发展，与现阶段中国农业基础地位和农业生产的现状是相一致的，体现了中国农产品贸易政策调整的针对性和有效保护性。

（二）农业政策调整后的保护效果明显下降，符合比较优势变化

本书系统测算了中国农业贸易政策调整的分类农产品和农产品整体效应，并在此基础上运用显示性比较优势指数、国内资源成本系数比、有效保护率等指标构建了中国农业比较优势监测体系，最后计算了入世十多年中国农产品新要素的贸易条件。研究结果表明入世十多年中国农业贸易政策组合的调整效应比入世前有显著变化，农产品贸易更加自由化，中国已经实现了入世的承诺；尽管中国农业历经了多年的改革，但是农业比较优势结构并没有显著恶化，传统优势产品出口竞争力增强，同时中国多数农产品新要素贸易条件也呈现上升趋势，中国农业因入世而更好。研究结果表明中国农业比较优势格局和变动是国际市场价格、国内资源成本等综合作用的结果，因此科学评价中国主要农产品比较优势未来的走势应当在综合各因素基础上作出科学、合理的判断。研究结果还表明在挖掘和提升中国农业生产整体的比较优势，提高中国农产品未来在国际市场上的竞争能力时，除了综合考虑各方面的因素外，对不同产品也应当有不同的侧重点。

（三）不同部门农业政策调整效果存在一定差异

本书在测算国内供给与需求价格弹性的基础上，量化了入世十多年中国农业政策调整的进口竞争部门和出口部门的农产品贸易量与贸易福利贸易限制指数，分别阐述了不同农业部门因农业政策调整所引致的效果。研究结果显示，主要农产品的需求价格和收入弹性的结果可以看出中国农产品需求几乎都缺乏弹性，农产品供应的价格弹性均较小，说明农产品价格变动与产量间的关联不强，主要原因是农产品

比较利益偏低，农户生产农产品主要是满足自身需求。因本书融入了供给和需求价格弹性，所计算的两类指数优于已有研究中的生产者名义保护率和消费者税收等价，能够更加真实地反映中国农产品贸易因政策调整受到的影响。与本书所选的主要比较地区对比发现，中国进口竞争农产品、出口贸易农产品、所有农产品的贸易量削减指数和贸易福利削减指数，在农产品不同部门内（进口竞争部门与出口部门）也存在显著的差别。中国农业支持政策本质在于中国农业和农村经济的自身特征。中国土地稀缺而劳动力丰富的自然禀赋条件，导致国内土地密集型产品生产成本居高不下。但同时，随着国际市场对中国的进一步开放，国内的劳动力密集型的农业和非农业部门将会获得更多的出口机会。

（四）农业政策中的边境贸易政策和国内政策调整效果存在差异

从本书年度时间序列数据来看，不同政策措施对生产者和消费贸易量和贸易福利降低的影响比例，进出口税分别起到了一半的作用，这与世界农产品贸易自由化的历程是相吻合的。同时，上述年度时间序列揭示了不同时期不同政策的相互作用与贡献。当国际农产品价格起伏变化的时候，因遭遇国际市场的动荡，改变国内外措施有助于平稳国内市场。当世界农产品价格波动较明显时，不同政策措施的效果也存在着差异。通过改变边境贸易措施隔离国内外市场的联动影响，无论在发达国家还是发展中国家都运用的较为常见。从中国与其他类型国家地区的政策效果的对比来看，与发达国家的边境措施的效应基本持平，但是仍然低于发展中国家和世界总体水平，中国现有农业边境措施对农产品贸易量的影响较小。就国内政策措施而言，因中国经济发展水平与世界发达国家存在显著的差异，在入世前后发生了显著变化，中国国内政策措施的贸易效应在所考察的国家地区中是最低的。而农业国内政策措施的消费者层面效应与边境措施正好相反，却出现了上升态势，一定程度上反映了中国在降低边境措施的同时科学调整了国内政策措施，以提高中国农业的整体竞争力，但数值远低于发达国家和世界总体水平。从世界总体来看，发达国家在世界农产品贸易中处于支配地位，高额的国内补贴和支持使得发达国家对世界粮食市场和农产品市场的掌控力进一步增强，进而对于世界农产品市场产生一定的扭曲作用，对中国农产品贸易也将起到一定的负面影响。

二、政策建议

中国农业经受住了入世过渡期、粮食危机、金融危机等多重考验，实现了持续稳定较快增长。今后中国必须要紧紧围绕两个市场、两种资源，要“有放有收”“有进有出”“有守有攻”，用世界眼光、全球视野谋划中国农业发展，既是入世十多年中国农业发展的宝贵经验，也是中国积极参与经济全球化、克服农业发展面临的市场和资源两大约束的必然要求，既要设立适当的边境保护，又要对国内支持政策进行系统的调整，维护国内产业安全。中国要发挥比较优势，积极参与国际农业分工与竞争，优化农业资源配置，提高资源利用效率。从中国劳动力丰富、土地资源稀缺的基本国情出发，对粮食等不具比较优势的土地密集型产品，在保证安全生产能力的基础上，可考虑适当进口；对蔬菜、水果等劳动密集型高价值产品，要提高质量，培育名牌农产品，进一步加强农业对外开放战略和统筹管理，避免国外贸易壁垒等诸多因素困扰，应着眼重点环节推动优势农产品出口，加大对先进适用农业技术的引进，推动结构优化，科技进步和产业升级。牢牢把握世界农业发展和国际农产品市场变化趋势，把握中国农业的比较优势，努力促进优势农产品出口，合理引导和有效调控短缺农产品进口，合理调整进出口结构。发达国家对农产品贸易保护，取得了一定的实效，为中国制定合理的对外贸易政策提供了有益的启示，加强对农业合理的支持保护，加强贸易救济体系建设，减少国外农产品对国内市场的冲击。在农产品贸易自由化的大趋势下，探讨如何既不违背 WTO 规则，又合理利用农业保护与支持政策实现农业稳定发展对中国有着重要的现实意义。综合上述研究结论，本书给出以下几点政策建议。

（一）进一步优化和调整农产品边境贸易政策组合

从传统的农产品国际贸易保护政策向符合 WTO 规则的新型农产品国际贸易保护政策转变，充分利用 WTO 农业贸易规则，借鉴相关国际经验保护中国农业的合法权益。入世十多年来，中国大幅度地开放了农产品市场，开始逐步融入国际农产品贸易自由化的潮流。借鉴发达国家经验，根据 WTO 规则调整完善农产品边境贸易政策，给农业以适度的贸易保护是必要的。发达国家农产品贸易保护政策呈现多样化、复杂化的特征，这种全方位的农产品贸易保护，增强了保护效果政策体系，保障了政策目标的顺利实现。充分发挥关税灵活多变的特点，结合国内不同农产品的比较优势状况及贸易对象的实际情况，确定合理的关税税率和关税结构，用好“关税减让表”，用足关税约束“例外”。借鉴发达国家经验，不能一味地降低边境关税，可以在降低平均关税水平的同时，适当提高部分重要农产品的有效关税率，积极争取对部分农产品进口征收从量税和季节性关税，确定合理的关税上限约束税率。今后也应该在削减或取消非关税措施的同时，相应将非关税措施转化为等量关税措施，学习发达国家一些保护国民福利为目的的技术性贸易措施。此外，不断推进配额管理的法制化，继续完善相关外贸法律、法规，推进外贸依法行政，必须对中国现有的关税配额制度进行改革，特别是要改革关税配额管理制度。对于关税化的敏感农产品，要以关税配额的形式承诺最低准入量，在准入量以内

(即关税配额以内),以现在实施的低关税进口,超出市场准入量的实施较高进口关税。改善农产品出口政策,建立健全禽肉、蔬菜、水果等重点出口农产品的行业组织建设。协调出口业务,减少无序竞争。面对越来越多的技术性贸易保护措施,应积极完善农产品质量标准体系、农产品质量检验检测体系,加快制定和完善与国际标准接轨的技术标准和质量标准。中国应该在对明显不符合 WTO 规则的技术性贸易措施进行修订和调整的同时,加快对国外新型非关税壁垒的研究,按照国际通行的做法,建立和健全中国的环境保护措施、技术标准、安全标准,防止外国的不合格产品、污染产品以任何形式进入中国市场,从而既保护国内农产品贸易,又保障人及动物的生命安全和健康。因此,制定农业边境贸易政策,必须重视不同农产品自身特性,将多种形式的措施手段相结合,充分利用《农业协议》规定的边境保护措施及其对发展中成员的优惠待遇。

(二) 进一步完善农业国内支持政策组合

对国内农业生产进行支持,是各国农业保护的普遍形式。中国“财政支农”政策涵盖的范围非常广泛,包含了不同功能的政策,而且许多政策和项目具有多种功能。把“三农”支持政策等同于 WTO 范畴的农业支持政策,将大大提高中国的农业支持水平。随着经济的快速发展,中国用于“三农”的财政支出不断增长,但相对于中国农业人口数量、收入水平、农业多功能性和社会贡献以及消除二元结构的需要来说,目前中国对“三农”的支持水平仍然很低,WTO 允许范围内的中国农业支持空间还很大,财政支农应该发挥其应有的作用。不断加强和完善国内农业支持,不仅对确保开放条件下中国农业健康发展至关重要,而且对确保世界粮食安全十分重要。对中国来讲,未来农业的发展,既要增加农产品的供给总量,保障食品安全,又要使农民收入不断提高。这两方面的目标是相一致的,要增加生产，就必须调动农民的生产积极性，就必须保证农民收入不断增长。因此，农业的国内支持政策，既要进行投入的支持，又要进行价格保护。国内支持手段主要有农产品的价格保护（如农产品的最低保护价制度）、农业生产资料及农业投资补贴、政府对农业科研和推广的直接投入等。国内农业支持政策是提升中国农产品国际竞争力的重要手段之一，要从提高农业支持效率的角度入手，特别要提高农业补贴的效率，支持的重点从追求数量转向质量。今后农业投入支持的重点，应由直接支持向间接支持转变，由对生产经营性投入支持向社会基础性投入支持转变，重点抓好大中型农业基础设施建设、农业科技开发和新技术推广、生态环境保护、农用工业建设等。今后国家支持农业发展，应在具体支持方式上，更多地与农业优惠贷款、农业保险事业、农产品储备制度、农业区域开发、农村社区建设、扶贫计划等结合起来。

（三）利用 WTO 相关规则，加强农业政策措施的规范化和法律化

从发达国家和地区的农业支持政策演变过程看，农业政策的调整和改变都是以颁布相关法律为序幕的，能够以法律的权威性、严肃性保障农业支持政策的顺利实施。充分利用 WTO 规定可免除减让的“绿箱”和“蓝箱”措施以及发展中国家可享受的特殊优惠待遇，灵活运用“黄箱”政策支持国内农业生产和农产品贸易的发展。建立包括农业生产支持、农业收入支持、农业营销支持和农业基础建设支持的农业综合支持体系。完善农业支持法律体系，要着手做好《中华人民共和国农业法》的进一步修订，制定和修缮《农业保险法》《农业补贴条例》等法律法规，健全农业支持法律体系。自 2004 年以来，连续九年，中央每年都会针对“三农”问题出台一个“一号文件”，指导农业的生产和发展，但“一号文件”存在短期性和多变性的特

点，影响了农业政策和措施的实施效果。其他涉及农产品贸易保护政策和措施的法律和法规除了新修订的《中华人民共和国农业法》和2004年颁布的《农业机械化促进法》外，都是在中国加入WTO之前制定的，存在与WTO《农产品协议》有差异的地方。因此，中国可参照发达国家的国内立法经验，在农业协议框架内制定一定时期的有关农业发展的法律法规，制定明确的农业政策目标，列出详细的措施，并要有明确的执行原则和执行部门，加强农产品贸易保护政策和措施的规范化和法律化，使农业法案中的农产品贸易保护政策和措施成为相关政府部门必须执行和遵守的法律准绳，明确中央和地方政府的职责，地方政府必须绝对服从中央政府实施的全局性、长期性、根本性的综合保护，保证政策措施实施效果的可持续性，将是中国农产品贸易保护政策和措施走向科学化的必由之路。

（四）依据比较优势，优化资源配置，加快农业结构与区域布局调整

今后一段时间内要以农产品比较优势为基础，对农业生产和贸易结构进行长期动态的战略性调整，在保证粮食等农产品安全供给的前提下利用国际市场调剂具有比较劣势产品的供需缺口，集中资源生产比较优势的农产品。因为边境限制是一种被动的保护，国内过分支持则有可能造成整体效率的下降。因此，要真正保护农业，还必须提高国内农业自身的竞争力，避开土地资源少、资金短缺的不足，发挥劳动力和资源丰富的优势，调整农业生产结构，大力发展劳动密集型的种植业、养殖业。农业结构层次低是我国农业发展新阶段制约农业增效和农民增收的重要原因，因此要根据市场需求大力调整农产品品种结构和品质结构，增加优质农产品生产，并扶持一批特色突出、科技含量较高的名牌农产品，占领市场，走出国门。在农业的区域布局上，中国应充分利用国际、国内两个市场、两种资源，注重发挥农业

的比较优势。沿海地区可发挥资金优势，发展资金密集型的高附加值农产品生产，扩大农产品出口，适当减少粮食生产，把粮油棉等大宗农产品生产空间让渡给中西部地区。中西部地区可围绕粮食生产发展养殖业、加工业，延长产业链，拓宽农民就业及收入渠道。通过结构调整，实现区域间适度分工，从而推进中国农业的区域化、专业化和现代化发展。

参考文献

1. Bhattasali，李善同，Martin. 中国与 WTO：入世、政策变革和减贫战略［M］. 北京：中国财政经济出版社，2004.

2. OECD，中国农业政策回顾与评价［M］. 北京：中国经济出版社，2005.

3. 詹晶 . 我国农产品贸易保护政策研究［D］. 武汉：华中科技大学博士论文，2006.

4. 陈锡文 . 加入世贸组织与我国农业的发展［J］. 农业经济问题，2002（6）：2 – 11.

5. 程国强 . WTO 框架下的中国农业［J］. 世界农业，2000（5）：3 – 4.

6. 程国强 . 中国农产品贸易：格局与政策［J］. 管理世界，1999（3）：176 – 180.

7. 程国强 . 中国农业对外开放：影响、启示与战略选择［J］. 中国农村经济，2012（3）：4 – 43.

8. 程国强 . 中国农业补贴：制度设计与政策选择［M］. 北京：中国发展出版社，2011 年 .

9. 程撒撒 . 中国与“一带一路”沿线国家农产品贸易潜力研究［D］. 南京：南京大学，2018.

10. 崔卫杰，程国强 . 多哈回合农业国内支持谈判方案的评估［J］. 管理世界，2007（5）：56 – 62.

11. 董振国，王汝堂，林嵬. 农业入世五年的近忧远虑 [J]. 瞭望，2007 (4)：42 -44.

12. 董银果，尚慧琴. WTO 多哈回合：各方分歧、受阻原因及前景展望 [J]. 国际商务研究，2011 (3)：36.

13. 冯继康. 美国农业补贴政策：历史演变与发展走势 [J]. 中国农村经济，2007 (3)：73 -78.

14. 樊明太，郑玉歆，齐舒畅，等. 中国贸易自由化及其对粮食安全的影响——一个基于中国农业 CGE 模型的应用分析 [J]. 农业经济问题，2005 (S1)：3 -13.

15. 裴长洪. 中国贸易政策调整与出口结构变化分析 [J]. 经济研究，2009 (4)：4 -16.

16. 符金陵，孙东升，吴凌燕. WTO 蓝箱政策改革对美国农业支持政策的影响 [J]. 农业经济问题，2005 (5)：74 -78.

17. 龚秀国，邓菊秋. 贸易自由化，国内商品价格与外国商品价格 [J]. 世界经济，2001 (11)：42 -44.

18. 郝冰，美国农业支持政策的演进逻辑 [J]. 农业经济问题，2005 (9).

19. 黄季焜，Scott Rozelle，解玉平，等. 从农产品价格保护程度和市场整合程度看入世对中国农业的影响 [J]. 管理世界，2002 (9)：84 -96.

20. 黄季焜，李宁辉. 贸易自由化与中国农业：是挑战还是机遇 [J]. 农业经济问题，1999 (95)：2 -7.

21. 黄季焜，徐志刚，李宁辉. 贸易自由化与中国的农业、贫困和公平 [J]. 农业经济问题，2005 (7).

22. 黄军，李岳云. 对中国农产品遭受反倾销的思考 [J]. 中国农村经济，2002 (1)：56 -65.

23. 黄满盈，邓晓虹. 中国对美国出口的商品结构、比较优势及其稳定性分析［J］. 世界经济文汇，2010（5）：74－90.

24. 黄祖辉，王鑫鑫，宋海英. 中国农产品出口贸易结构和变化趋势［J］. 农业技术经济，2009（1）.

25. 洪伟. 贸易开放、价格传导与农民福利——基于相对价格角度的分析［D］. 南京：南京农业大学，2009.

26. 何振国，王强. 财政支农支出优先次序研究［J］. 管理世界，2006（10）：150－151.

27. 纪秋颖，陈春慧. 日本技术性贸易壁垒对我国农产品出口影响及对策研究［J］. 商业研究，2007（4）：157－160.

28. 柯炳生，韩一军. 世贸组织中关税配额问题与中国的对策研究［J］. 中国农村经济，2003（4）：4－11.

29. 孔祥智，丁玉. 我国农产品进出口贸易的特点及趋势：1998～2011［J］. 经济与管理评论，2013，29（1）：103－112.

30. 李邦君. 我国农产品市场开放的现状及其进一步发展的对策探讨［J］. 国际商务研究，2007（4）：27－31.

31. 李汝平，任高岩. 我国农产品贸易自由化的利弊与应对［J］. 国际经贸探索，2000（3）：5－7.

32. 李众敏，吴凌燕. 多哈回合对中国农业的影响：基于全球贸易分析模型（GTAP）的初步评估［J］. 世界经济，2007（2）.

33. 李应春，翁鸣. 日本农业政策调整及其原因分析［J］. 农业经济问题，2006（8）.

34. 李善同，翟凡. 中国加入世界贸易组织对中国经济的影响：动态一般均衡分析［J］. 世界经济，2000，23（2）：3－14.

35. 李先德，宗义湘. 中国农业支持水平衡量与评价［J］. 农业经济问题，2005（S1）：19－26.

36. 李慧，刘合光，孙东升. 中国 WTO 农业谈判进展的跟踪分析——基于农产品贸易政策模拟模型（ATPSM）［J］. 农业展望，2012

(10): 41-47.

37. 李秉龙，乔娟，王可山．WTO规则下中外农业政策比较研究［M］．中国农业出版社，2006，3.

38. 李建平．我国农业保护政策研究［D］．成都：西南财经大学，2006.

39. 李孝忠，钟永玲，张砚杰，等．基于积温约束、不同品种的农业补贴政策效果差异分析［J］．农业技术经济，2017（12）：47-61.

40. 李江一．农业补贴政策效应评估：激励效应与财富效应［J］．中国农村经济，2016（12）：17-32.

41. 蓝庆新．我国农业比较优势与PAM模型的应用［J］．浙江社会科学，2004（7）：46-52.

42. 刘汉成，复亚华．在新的国际环境下中国农产品出口竞争优势分析［J］．华中农业大学学报（社会科学版），2010（2）：46-49.

43. 刘春鹏，肖海峰．中国与中东欧16国农产品贸易增长成因研究——基于CMS模型的实证分析［J］．农业技术经济，2018（9）：135-144.

44. 刘合光，程国强，苏莉，等．多哈农业改革对发展中国家农业的影响［J］．中国农村观察，2006，2.

45. 柯炳生．三种农业补贴政策的原理与效果分析［J］．农业经济问题，2018（8）：4-9.

46. 高宏敏，王君宝，陆倩．中国农业贸易模式的动态分析［J］．南方农机，2017，48（7）：58.

47. 倪洪兴．统筹两个市场两种资源确保农业产业安全［J］．中国农村经济，2011（5）：57-61.

48. 马晓河．加入WTO对我国农业的影响分析［J］．中国财政，2001（12）：14-17.

49. 马光霞.2004年中国农产品进出口贸易格局 [J]. 世界农业，2005 (2)：22-24.

50. 马有祥. 新一轮WTO农业谈判的进展与我国采取的基本策略 [J]. 农业经济问题，2005，11.

51. 彭超. 我国农业补贴基本框架、政策绩效与动能转换方向 [J]. 理论探索，2017 (3)：18-25.

52. 赖明勇，李镜池. 减免东盟农产品进口关税对中国宏观经济和产业影响的可计算一般均衡分析 [J]. 当代财经，2007 (4)：98-104.

53. 史朝兴，秦淑红. 中国农产品进口的现状、格局和趋势 [J]. 经济问题探索，2007 (9)：113-115.

54. 孙林，谭晶荣，宋海英. 区域自由贸易安排对国际农产品出口的影响：基于引力模型的实证分析 [J]. 中国农村经济，2010 (1).

55. 孙文博，王兆阳. 加入WTO对中国农业的影响与对策 [J]. 农业经济问题，2001 (12)：2-7.

56. 孙立坚，李安心，吴刚. 开放经济中的价格传递效应：中国的例证 [J]. 经济学（季刊），2003，3 (1)：125-146.

57. 孙立坚，吴刚，李安心. 国际贸易中价格传递效应的实证研究 [J]. 世界经济文汇，2003 (4)：3-21.

58. 税尚楠. 运用行为经济学提高农业政策的效率和幸福含量 [J]. 农业经济问题，2011 (6)：4-8.

59. 滕瑜. 贸易开放对我国农民非农收入的影响——基于地区收入差异和异质劳动力收入差异分析 [D]. 南京：南京农业大学，2010.

60. 田国强，蒋俊朋，王莉. 入世以来中国农产品贸易的发展状况及趋势展望 [J]. 世界农业，2012 (2)：1-5.

61. 曾令良，韩桢. 世界贸易组织农产品贸易安排与发展中国家——兼论入世对我国农业的影响与对策 [J]. 法学评论，2001

(4): 80 - 89.

62. 谭向勇，李鹏，郑妍. 加入世贸组织前后中国农产品生产及进出口变化情况的实证分析 [J]. 中国农村经济，2006 (5): 4 - 9.

63. 谭砚文，温思美. 新一轮农业谈判关税配额的争议及中国的立场 [J]. 国际经贸探索，2006 (2).

64. 钟甫宁. 用国内资源成本测定比较优势的缺陷及其纠正方法 [J]. 南京农业大学学报 (社会科学版)，2003，3.

65. 钟钰，刘荣茂. 中国农产品进口与关税的内生性检验 [J]. 农业技术经济，2007 (5).

66. 宗义湘，闫琰，李先德. 巴西农业支持水平及支持政策分析——基于 OECD 最新农业政策分析框架 [J]. 财贸研究，2011 (2): 51 - 59.

67. 宗义湘. 加入 WTO 前后中国农业支持水平评估及政策效果研究 [D]. 北京: 中国农业科学院博士论文，2006.

68. 张新学，宋晓华. 发达国家农业政策对中国的启示 [J]. 农业科学研究，2011 (2).

69. 张利国，徐翔. 美国农业政策调整对中国农产品贸易的影响 [J]. 国际贸易问题，2002，12.

70. 张红宇. 加入 WTO 与中国农业政策调整 [J]. 人民论坛，2001 (12).

71. 张莉琴. 我国农业政策对农产品的有效保护效果分析 [D]. 北京: 中国农业大学博士论文，2001.

72. 张琳，李慧，孙东升. 入世 10 年中国农产品国际贸易回顾与展望 [J]. 农业展望，2012 (5): 50 - 55.

73. 周曙东，胡冰川，崔奇峰. 多哈回合农产品关税减让谈判与中国的谈判方案选择 [J]. 中国农村经济，2006，9.

74. 朱晶. 贸易保护、市场准入与农产品竞争力 [J]. 国际贸易问题，2004（2）：34－39.

75. 朱满德，程国强．多哈回合农业谈判：进展与关键问题［J］．国际贸易，2011（6）：42－47.

76. 张天佐，郭永田，杨洁梅．基于价格支持和补贴导向的农业支持保护制度改革回顾与展望［J］．农业经济问题，2018（11）：4－10.

77. 朱满德，程国强．中国农业政策支持水平、补贴效应与结构特征［J］．管理世界，2011（7）：52－60.

78. 赵海成．加入WTO对我国农业的负面影响及对策［J］．东岳论丛，2003（1）：64－65.

79. 温铁军．WTO与中国的“三农”问题［J］．中国农垦经济，2001（8）：13－16.

80. 王军英，朱晶．贸易开放、价格传导与农户消费［J］．农业技术经济，2011（1）.

81. 王坤．中国农产品比较优势培育路径研究［D］．武汉：华中师范大学，2018.

82. 王新志，张清津．国外主要发达国家农业政策分析及启示［J］．经济与管理评论，2013（1）：121－125.

83. 王瑞，王丽萍．我国农产品贸易流量现状与影响因素：基于引力模型的实证研究［J］．国际贸易问题，2012（4）：39－38.

84. 王琦，孙咏华，田志宏．农产品对外贸易的产品分类问题研究［J］．世界农业，2007（7）：16－19.

85. 王华巍．世界主要发达国家农业政策的比较研究［D］．长春：吉林大学博士论文，2005.

86. 温铁军．WTO与中国的“三农”问题［J］．中国农垦经济，2001（8）：13－16.

87. 武拉平，程杰，杨欣．“蓝箱”政策改革对国内支持的潜在影响：中国及 WTO 其他主要成员国的对比［J］. 世界经济，2007（8）：36－45.

88. 问泽霞，张晓辛. 中美农业支持水平对比实证分析［J］. 技术经济与管理研究，2011（1）.

89. 徐志刚，钟甫宁，傅龙波. 中国农产品的国内资源成本及比较优势［J］. 农业技术经济，2000（4）.

90. 薛信阳，马佳，杨德利. 农业补贴政策实施效果研究述评：回顾与展望［J］. 中国农学通报，2018，34（29）：143－150.

91. 许庆，范英，吴方卫. 零关税政策背景下中国—东盟自贸区农产品贸易对中国经济影响的模拟分析［J］. 世界经济研究，2011（11）：81－86.

92. 许统生，李志萌，涂远芬，等. 中国农产品贸易成本测度［J］. 中国农村经济，2012（3）：14－24.

93. 杨莲娜. 农业贸易政策改革及对中国与欧盟农产品贸易的影响［D］. 北京：中国农业科学院，2007.

94. 汤敏. 中国农业补贴政策调整优化问题研究［J］. 农业经济问题，2017，38（12）：17－21，110.

95. Anderson，J. E.，G. Bannister，et al.，1995. Domestic Distortions and International Trade，International Economics Review，36（1）：139－57.

96. Anderson，J. E. and J. P. Neary. Measuring the Restrictiveness of International Trade Policy，Cambridge MA：MIT Press，2005.

97. Anderson，K.（ed.）. 2009. Distortions to Agricultural Incentives：A Global Perspective，1955－2007，London：Palgrave Macmillan and Washington DC：World Bank.

98. Anderson，K. and J. Croser. 2009. "National and Global Agricultural Trade and Welfare Reduction Indexes，1955 to 2007"，World Bank，

Washington D. C, available from April on the Database page at www. worldbank. org/agdistortions.

99. Anderson, K. , M. Kurzweil, et al. , 2008. "Measuring Distortions to Agricultural Incentives, Revisited", World Trade Review 7 (4): 1 -30, October.

100. Anderson, K. and E. Valenzuela. 2008. Estimates of Global Distortions to Agricultural Incentives, 1955 to 2007, core database at www. worldbank. org/agdistortions.

101. Anderson, K. J. Huang and E. Ianchovichina. 2002. Impact of China WTO Accession on Rural Urban Income Inequali ty, Working Paper, Center for Chinese Agricultural Poliocy, Chinese Academy of Sciences. Beijing.

102. Carter and X. Li. Economic Reform and the Changing Pattern of China's Agricultural Trade, Paper presented at the 44th Annual ustralian Agricultural and Resource Economics Society Conference, January 23 -25, 2000, Sydney, Australia.

103. OECD. 2008. PSE - CSE Database (Producer and Consumer Support Estimates, OECD Database 1986 - 2007), Organisation for Economic Co-operation and Development.

104. Feenstra, R. C. 1995. Estimating the Effects of Trade Policy in Handbook of International Economics, vol. 3, edited by G. N. Grossman and K. Rogoff, Amsterdam: Elsevier.

105. Harberger, A. C. 1959. "Using the Resources at Hand More Effectively", American Economic Review 49 (2): 134 -46, May.

106. Humphrey, T. M. 1992. "Marshallian Cross Diagrams and Their Uses Before Alfred Marshall: the Origins of Demand and Supply Geometry", Economic Review, Federal Reserve Bank of Richmond, Richmond

VA.

107. Huang, J. S. Rozelle, L. Zhang. 2000. WTO and Agriculture: Radical Reforms or the Continuat ion of Gradual Transition, China Economic Review, 11 (2000): 397 -401.

108. Kee, H. L. , A. Nicita, et al. , 2008. "Import Demand Elasticities and Trade Distortions", Review of Economics and Statistics 90 (4): 666 -82, November.

109. Kee, H. L. , A. Nicita, et al. , 2009. "Estimating Trade Restrictiveness Indexes", Economic Journal 119 (534): 172 -99, January.

110. Lloyd, P. J. 1974. "A More General Theory of Price Distortions in an Open Economy", Journal of International Economics 4 (4): 365 -86, November.

111. MacLaren, D. , Lloyd, et al. , 2008. "Measuring Assistance to the Agricultural Industry in Australia Using a Production Assistance Index", paper presented at the 52nd Annual Conference of the Australian Agricultural and Resource Economics Society, Canberra, 5 -8, February.

112. Tyers, R. and K. Anderson. 1992. Disarray in World Food Markets: A Quantitative Assessment, Cambridge and New York: Cambridge University Press.

113. World Bank. 2008. Global Monitoring Report 2008, Washington DC: World Bank.

后　记

本书是在我博士论文的基础上修改、扩充、完善而成的，特别感谢我的博士指导老师南京农业大学经济管理学院的朱晶教授，朱教授从论文选题、研究框架设计与调整、论文撰写与修改等方面都倾注了大量心血。在此我要向我最尊重的老师致以最诚挚的谢意！

本书部分内容以论文形式发表于《中国农村经济》《农业技术经济》《国际商务》《西北农林大学学报》《经济经纬》等学术期刊上。

值此书付梓之际，特别感谢在工作、学习、生活多个方面给予我诸多帮助的各位老师、各位同事、各位同窗，没有大家的帮助和悉心指导，我难以取得现在的成果，在此深表谢意。

本书的出版得到了湖州师范学院高层次人才引进科研启动基金、湖州师范学院商学院科研启动基金的联合资助。

感谢经济科学出版社李雪编辑为本书的出版所给予的大量无私付出！

最后，谨以此书献给我最爱的家人！我在工作中取得的点滴成就都离不开亲人的理解和支持。多年来，我的父母对我在外求学和工作，始终在背后默默支持、鼓励我。我还要感谢我的爱人孙建平女士，我在学习、工作上取得的点滴成就都离不开她在背后的默默支持与包容。最后我要将此书献给我的儿子和女儿，祝他们一直能够健康、幸福、快乐的成长！

吴国松
2019 年 1 月